首都高端智库报告

京津冀三地自由贸易试验区
联动发展研究

首都经济贸易大学特大城市经济社会发展研究院

叶堂林　吴明桓　王传恕 等 ◎ 著

首都经济贸易大学出版社
Capital University of Economics and Business Press
·北 京·

图书在版编目（CIP）数据

京津冀三地自由贸易试验区联动发展研究/叶堂林等著.
--北京：首都经济贸易大学出版社，2023.7

ISBN 978-7-5638-3529-4

Ⅰ.①京…　Ⅱ.①叶…　Ⅲ.①自由贸易区—区域经济
发展—研究—华北地区　Ⅳ.①F752.82

中国版本图书馆 CIP 数据核字（2023）第 105778 号

京津冀三地自由贸易试验区联动发展研究
叶堂林　吴明桓　王传恕　等著
JINGJINJI SANDI ZIYOU MAOYI SHIYANQU LIANDONG FAZHAN YANJIU

责任编辑	彭　芳
封面设计	砚祥志远·激光照排　TEL：010-65976003
出版发行	首都经济贸易大学出版社
地　　址	北京市朝阳区红庙（邮编 100026）
电　　话	（010）65976483　65065761　65071505（传真）
网　　址	http://www.sjmcb.com
E - mail	publish@cueb.edu.cn
经　　销	全国新华书店
照　　排	北京砚祥志远激光照排技术有限公司
印　　刷	北京建宏印刷有限公司
成品尺寸	170 毫米×240 毫米　1/16
字　　数	161 千字
印　　张	9.5
版　　次	2023 年 7 月第 1 版　2023 年 9 月第 2 次印刷
书　　号	ISBN 978-7-5638-3529-4
定　　价	39.00 元

前　言

　　京津冀城市群作为经济增长的重要引擎，集聚了大量的企业和创新资源，提供了稳定和有利的商业环境，吸引了跨国公司设置分支机构和研发中心，促进了国际技术转移和创新合作，是吸引外商投资和国际贸易的重要枢纽。

　　在当前国际经济发展新形势下，为了更好地巩固改革开放以来取得的建设成果，国内积极推进自由贸易试验区建设，依托自由贸易试验区在深化改革、扩大开放中先行先试，探索国际经贸合作的新机制与新模式，进一步畅通外循环通道，打通内循环关键性机制性堵点，助力构建"国内国际双循环新发展格局"。推动京津冀三地自由贸易试验区联动发展有助于促进区域一体化和资源共享。京津冀三地可以在经济、科技、教育等方面实现优势互补，加强区域间的协同合作，吸引更多国际企业和投资者进驻，形成产业链和供应链的协同发展，提高整个城市群的竞争力和吸引力。

　　本研究将围绕以下几个部分展开：

　　1. 理论分析。首先，回答"为何开展京津冀三地自由贸易试验区联动发展？"这一问题，这是本研究的出发点。其次，探究"京津冀三地自由贸易试验区联动发展需要在哪些重点领域发力？"，将系统阐述自由贸易试验区之间的联动发展亟须破解的关键领域及重要环节的难题。最后，梳理总结自由贸易试验区联动发展的理论基础，即政策试验理论、制度创新理论和区域分工合作理论，为分析自由贸易试验区联动发展产生的客观必然性、表现形式和体制机制等提供理论依据。

　　从区域经济发展战略的视角来看，通过自由贸易试验区联动发展的协同管理，协调各自由贸易试验区之间的资源配置、要素与产业的流动，发挥各自由贸易试验区的比较优势，使其协同运转，从而产生催化区域经济发展和自由贸易试验区发展的协同效应，是自由贸易试验区联动发展的关键驱动力。自由贸易试验区联动发展的关键在于确保流通层、融合层、环境层三个领域的跨区域有效耦合。

自由贸易试验区联动发展的主要目标如下：

一是打造具有国内一流营商环境和重要国际影响力的贸易合作示范区。在自由贸易试验区联动发展的背景下，各自由贸易试验区对标高水平贸易投资规则，通过构建与高标准全球经贸规则相衔接的国内规则和制度体系，开展营商环境绩效考核，降低自由贸易试验区之间的制度性交易成本。这既是进一步以开放促改革的需要，也是促使自由贸易试验区联盟全面深入融入全球化、参与国际竞争的需要。

二是形成京津冀自由贸易试验区走廊，以核心片区作为枢纽辐射带动周边片区高质量协调发展。自由贸易试验区是各地在新一轮改革开放过程中开放程度最高，贸易和投资自由化、便利化程度最高，市场营商环境最好的发展平台。自由贸易试验区联动发展能够进一步发挥其带动性和辐射作用，有效衔接起内部价值链和区外价值链，形成"1+1>2"的累积叠加效应。

三是以自由贸易试验区的制度探索优势，为各领域协同乃至京津冀协同的难点领域摸索可复制、可推广的成熟经验。我国自由贸易试验区不断扩容，其目的是通过在更大范围和更多领域实行差别化探索，开展互补和对比试验，激发高质量发展的内生动力，打造全面开放新格局。自由贸易试验区联动发展既要综合，也要特色，更要提高政策之间的系统集成和政策合力，突出区域综合优势，以扩大整体效应。

2. 现状分析。在推动京津冀三地自由贸易试验区联动发展尚处于规划论证阶段，还未进入具体的推动落实阶段。本部分将结合自由贸易试验区发展特色与其他跨区域自由贸易试验区建设的经验，从贸易便利化、资本自由流动、要素跨区域流动、产业协同共建、创新生态营造、政务服务合作等几个方面，重点分析《京津冀自贸试验区三方战略合作框架协议》中涉及的重点领域是否开展了相应的前期准备工作，以及北京、天津、河北各地的自由贸易试验区出台的规划文件中涉及的三地联动发展规划的实施进展。

贸易便利化方面，一是京冀协同推进北京大兴国际机场综合保税区建设。大兴机场综合保税区在全国率先打造"一个系统、一次理货、一次查验、一次提离"的区港一体化高效通关监管模式，建设全国首创的综合保税区跨界共商、共建、共享新模式标杆。二是三地自由贸易试验区多式联运规模扩张支撑贸易便利化发展。天津自由贸易试验区和河北自由贸易试验区的多式联运和运输代理业在营企业注册资本增速显著。综合来看，北京的顺义区、天津的滨海新区、河北的曹妃甸区及正定区串联组成了三地自由贸易试验区物流轴带，通州区与雄安新区正在成为这一轴带中新的核心节点。

资本自由流动方面，一是京津冀三地自由贸易试验区投资便利度不断提升。京津冀三地自由贸易试验区相继成立以来，积极推动投资自由化、便利化，持续推出制度创新举措，深化投资领域改革。二是探索建立京津冀三地自由贸易试验区联合授信机制。一方面，积极推动建立三地自由贸易试验区金融管理部门与产业部门工作协同机制，合力推进三地产业链重点企业融资对接，研究支持政策。另一方面，以"长安链"作为底层技术平台，安全高效地实现跨机构、跨行业、跨地域信息互联互通以及多方数据融合应用。

要素跨区域流动方面，一是三地自由贸易试验区积极落实人才自由流动的保障措施。人才是实现京津冀更快发展的关键所在，京津冀协同发展战略实施以来，京津冀三地劳动力资源不断增加，人才流动便捷。二是三地自由贸易试验区有序推动数据安全流动。京津冀三地自由贸易试验区聚焦数据安全有序流动，提出了推进数据共享开放、探索跨境流动等举措。三是天津自由贸易试验区金融行业强劲发展势头凸显。三地自由贸易试验区范围内金融业发展趋势稳健，天津正在成为京津冀金融资本流动的关键一极。

产业协同共建方面，一是三地自由贸易试验区正探索建立多元化产业对接合作模式。京津冀三地自由贸易试验区正打造京津冀产业合作新平台，创新跨区域产业合作，探索建立总部—生产基地、园区共建、整体搬迁等多元化产业对接合作模式。二是三地自由贸易试验区产业协同共建发展初显成效。信息服务业在营企业注册资本呈增加态势，北京自由贸易试验区优势地位显著，河北自由贸易试验区增长速度较快。

创新生态营造方面，一是三地自由贸易试验区着手制定创新生态营造的详细规划。京津冀协同发展战略实施以来，京津冀区域协同创新指数增长迅速，协同创新水平显著提高。二是三地自由贸易试验区在创新研发、科技成果转化、创新成果产出环节发展态势良好。

政务服务合作方面，一是三地自由贸易试验区正探索建立政务服务通办联动机制。京津冀三地自由贸易试验区正共同建立"同事同标"工作机制。二是探索构建三地自由贸易试验区跨区域市政公共资源供应兼容模式。

3. 问题分析。重点探究哪些因素阻碍三地自由贸易试验区联动发展。在明确了京津冀三地自由贸易试验区联动发展可能面临问题的基础上，在协调解决这些具体问题的过程中又会面临哪些现实挑战？在对问题产生的根源进行深入分析之后，从对策与建议的角度针对性地提出京津冀三地自由贸易试验区联动发展的具体路径，这是本研究的落脚点。

在京津冀三地自由贸易试验区联动发展的起步探索阶段面临着诸多现实

挑战：一是三地自由贸易试验区间的陆海联运交通体系兼容度不高、海关协同监管能力不强、通关一体化流程烦琐等制约贸易便利度提升；二是三地自由贸易试验区间的投资管理政策保障尤其是负面清单管理模式不完善、投资信息透明度不高、外汇管理模式存在区域异质性等制约投资便利度提升；三是三地金融监管制度协调度不高、人才跨区域流动保障机制不健全等制约要素跨区域流通效率提升；四是三地自由贸易试验区产业链衔接不足、供应链建设进度不一等制约产业链融合度提升；五是三地自由贸易试验区对小微科创企业的融资保障机制、创新孵化体系和创新资源共享机制不健全制约创新生态营造；六是三地自由贸易试验区制度创新的系统性、集成性不强以及改革创新自主权不足等制约制度创新效率提升；七是三地自由贸易试验区间的政务服务"跨省通办"、社会信用体系、奖惩联动机制和执法信息互联互通保障机制尚不完善等制约营商环境提升。

4. 他山之石。以打造制度型开放标准体系为目标，本部分充分借鉴国内外自由贸易试验区典型经验与模式，寻找他山之石，为京津冀三地自由贸易试验区的联动发展寻找新的着力点。

在提升贸易便利度方面，新加坡自由贸易港有畅通的公路网连接港口、高效的海运铁路联运网和四通八达的航线网，成功打造了港口与腹地城市的综合功能网络，因此吸引了许多国际物流公司在此设立全球或地区总部，进一步促进了国际货物的高效转运。

在促进联动机制创新方面，川渝自由贸易试验区协同开放示范区组建数字经济、总部经济等八大产业联盟，积极搭建企业交流合作平台，发挥重大产业平台旗舰作用；依托四川省港投集团、重庆渝欧集团等国有资本投资公司的力量，探索共建跨境电商产业园区，共同招引外贸总部企业和供应链链主企业，探索共建成链集群的外向型经济产业生态圈。

在营造良好创新生态方面，川渝自由贸易试验区协同开放示范区结合各类高校、科研机构等主体，搭建产业研究协同、创新、融合的资源网络，以这些主体、企业作为创新孵化器，强化"实验室—孵化器—加速器—专业园区—创业企业"整个孵化链条的功能；建立科技创新资源共享机制，帮助创新企业在自由贸易试验区内更好地实现资源获取和共享。

在优化提升营商环境方面，长三角自由贸易试验区联盟依托电子口岸公共平台建设国际贸易"单一窗口"；推进"证照分离"改革全覆盖，持续推动"多证合一、一照一码"；推行"互联网+营商环境监测"系统，对营商环境建设情况进行评估。粤港澳自由贸易试验区构建"一网通办"政务服务体系，深入推进"数字政府"建设，推动政务服务"跨域通办"。

5. 国际贸易规则借鉴。本部分通过梳理归纳国际贸易规则的相关概念及具体内容，例如自由贸易协定（FTA）、全面与进步跨太平洋伙伴关系协定（CPTPP）、跨太平洋伙伴关系协定（TPP）、跨大西洋贸易与投资伙伴协议（TTIP）、区域全面经济伙伴关系协定（RCEP），尝试对现有国际贸易规则中的重点内容进行总结。然后，深入分析 RCEP 等国际贸易规则对中国贸易发展的影响，以及 TPP、TTIP 等规则可能带来的挑战，借此为更好地推动京津冀三地自由贸易试验区联动发展提供经验参考。

自由贸易协定（FTA）是两个或两个以上国家或地区签署的协定，旨在减少彼此之间的贸易壁垒。该协定的核心理念是：允许商品和服务在边界上自由买卖，几乎不存在政府税收、限制进口配额、发放补贴或禁止贸易的法令。自由贸易与贸易保护主义或经济孤立主义截然相反。该协定可以促进成员之间的贸易和投资，提高分工效率，提升企业竞争力和产品质量，促进技术和知识的流动，促进经济发展和繁荣；还可以扩大市场规模，提高产品的供给量，为消费者提供更多的选择，降低商品和服务的价格等。

全面与进步跨太平洋伙伴关系协定（CPTPP）涵盖了澳大利亚、文莱、加拿大、智利等 11 个国家，亦象征着新一代自由贸易协定。签署了多方自由贸易协定，意味着亚太地区国家拥有了共同的自由贸易市场，目标在于进一步有效推动太平洋沿岸国家之间的自由贸易和投资。通过该协定，成员国将逐步降低贸易壁垒，提高贸易自由化和投资便利化水平，加强知识产权保护，促进经济发展和合作。根据该协定，各国将按照一个逐步削减和消除关税和非关税壁垒的路径图行事。

跨太平洋伙伴关系协定（TPP）的前身是跨太平洋战略经济伙伴关系协定，是一个旨在促进亚太地区贸易自由化的自由贸易协定。它最初由亚太经济合作组织成员中的新西兰、新加坡、智利和文莱四国发起，并于 2016 年正式签署。该协定的主要目标是消除参与国之间的贸易壁垒，促进贸易和投资自由化，加强知识产权保护和规则协调，以及促进互联互通和可持续发展等领域的合作。该协定旨在促进亚太地区经济一体化和贸易自由化，促进区域内参与国的合作和发展，推动经济全球化进程。2017 年底，日本接替退出 TPP 的美国，成为 TPP 的主导国，并将 TPP 更名为 CPTPP。

区域全面经济伙伴关系协定（RCEP）由东盟发起，由中国、日本、韩国、澳大利亚、新西兰等 15 个国家共同签署。该协定的目标是促进成员国之间的经济合作和自由贸易，通过减少关税和其他贸易壁垒来促进贸易自由化和投资自由化，即旨在促进亚洲地区的贸易和投资自由化，通过消除或降低贸易壁垒、减少关税和非关税壁垒、开放服务市场等方式推动贸易自由化和投资便利化，进一步加强区域内经济联系和合作。该协定旨在推动地区间贸易与投资的发展，建立现代、全面、高质量、互利双赢的经济伙伴关系。

国际贸易规则通过促进自由贸易、鼓励跨国投资、保护知识产权、推动环境保护和增加国际合作，可以促进中国贸易的有效发展，提高其在全球范围内的市场竞争力，进而加速其经济和贸易发展。因此，中国继续积极参与国际贸易规则的制定和实施，有助于提高自身贸易发展水平和贸易自由化水平，从而为全球经济发展做出更大的贡献。RCEP 对中国贸易的影响主要表现在四个方面：一是有效降低进口成本，进一步推动贸易发展；二是有效重构区域产业链，进一步增强区域竞争力；三是有效扩大金融服务，逐步促进人民币国际化；四是促进贸易规模扩大，进一步吸引投资增加；五是实现规模经济及产业转型升级，有效带动中小企业发展。TPP、TTIP 也可能给中国贸易发展带来挑战：一是抑制中国出口，进一步提高中国贸易成本；二是削弱中国在国际贸易规则制定中的话语权，阻碍中国制造业的发展。

6. 对策与建议。针对三地自由贸易试验区联动发展所面临的实际问题，本研究认为三地自由贸易试验区应以优势互补、共建共享、协同协作为基本原则，以制度创新为核心，差别化探索自由贸易试验区改革自主权限，加强制度创新的系统集成性，形成一套相对完善、多领域覆盖的"组合拳"，强调以"破壁"为导向的制度性改革，以产业链跨区域重构、海关等部门跨区域业务流程再造、创新生态跨区域兼容，消除自由贸易试验区关键领域跨区域、跨部门条块分离现象，推动京津冀三地自由贸易试验区的联动发展向更深层次迈进。

一是应逐步完善顶层设计，助力三地自由贸易试验区联动发展，确定京津冀自由贸易试验区走廊的空间布局整体设想，明确三地自由贸易试验区贸易便利化、投资便利化、要素流动一体化、产业链与创新链及供应链对接、创新生态营造、营商环境优化方面的顶层设计。

二是分阶段打造"一核三轴"的自由贸易试验区走廊。第一阶段，依托三地交界的大兴区探索建立自由贸易试验区联动先行启动区。第二阶段，构建基于产业链的产业发展轴和多式联运的交通发展轴。第三阶段，促进产业链与创新链的高效融合，形成高技术产业发展轴。

三是依托海关协同口岸提升贸易便利化水平。在强化物流联系方面，加快构建以多式联运为主体的自由贸易试验区间物流格局。在海关协同监管方面，形成责任共同体系，重新梳理各区域海关目前在用的业务信息系统、应用系统、分析监控系统以及各个子平台。在通关一体化方面，建立面向企业的公共信息处理平台，引导各区域口岸管理部门联合入驻，提升通关一体化水平。在口岸营商环境方面，推进津冀港口协同建设与发展，规范港口秩序，减免港口收费，强化港口间数据共享。

四是优化投资准入信息共享和外汇管理，提升投资便利化水平。在一体化合作机制方面，三地自由贸易试验区应积极打造外商投资信息共享平台，促进跨自由贸易试验区间的信息共享，实现外商企业的信用等级、经营情况等方面数据的联动共享。在外汇管理方面，推动自由贸易（FT）账户在北京和河北开通运行，缩小三地自由贸易试验区在外汇管理方面存在的差异。

五是完善金融一体化和人才保障模式，提升要素流通水平。在推进金融市场一体化方面，三地自由贸易试验区可借鉴欧亚经济联盟制定《统一金融市场纲要》的经验，对三地自由贸易试验区的金融市场统一发展设置实施期限和实施阶段。具体分为五个阶段：第一阶段，形成金融市场一体化结构；第二阶段，大力推进京津冀三地自由贸易试验区对金融市场的监管，形成制度保障；第三阶段，建立京津冀三地自由贸易试验区金融一体化监管中心；第四阶段，清除影响京津冀三地自由贸易试验区间资本、投资和金融服务相互流动的主要障碍；第五阶段，金融市场和金融监管实现全面一体化，建立统一的金融市场。在人才吸引及保障措施方面，三地自由贸易试验区应重视人才成长环境建设，探索与国际接轨的人才培养和保障制度。

六是推动三地自由贸易试验区产业链对接协作和供应链协同发展。在产业链对接协作方面，应差别化探索产业协同发展路径。三地自由贸易试验区要进一步明确各自的产业特色，细化产业分工，实现优势互补，促进协同发展，探索建立总部—生产基地、园区共建、整体搬迁等多元化产业链对接协作模式。在供应链协同发展方面，应以区域金融合作与金融开放为核心，促进区域间金融合作进一步深化，积极探索自由贸易试验区内的金融创新，发展绿色金融；推动落实"白名单"制度，梳理市级产业链、供应链"白名单"企业，切实加强对京津冀三地"白名单"企业的服务，实现区域间有效衔接；推进供应链创新与应用，支持开展供应链创新与应用试点示范。

七是营造支持孵化、合作共赢和产权保护的创新生态，大力支持创新型小微企业发展。三地自由贸易试验区应建立贴近创新者、服务草根创业企业的风险投资机制，着力优化创新孵化服务体系；积极研究配套政策，全力打造创新创业全链条的孵化服务体系；推动协同创新合作机制建设，积极引导企业与周边企业共建创新平台，引导高校、科研院所协同联动，共建成果孵化基地和科技企业孵化器，培育多元化科技创新主体，激发创新活力。在知识产权保护和数据信息保护方面，三地自由贸易试验区应当推动建立自由贸易试验区内的知识产权交易中心和知识产权运营中心。

八是完善跨区域协同机制，提升营商环境整体水平。在政策共用方面，应加强三地自由贸易试验区改革的系统集成，积极推动三地自由贸易试验区"总体方案"与"深化改革方案"同步，构建相对独立、完善的自由贸易试验区管理工作机制。在信息共享方面，应推动三地自由贸易试验区数字要素自由流动，打破数据壁垒，全面推进全流程网上办事应用；扩大交通运输信息数据共享范围，持续推进高频政务服务事项"跨省通办"。在机制共建方面，应建立与服务贸易、离岸贸易和新型贸易业务发展需求相适应的监管模式，构建以区块链可信安全数据为基础的"全流程、全覆盖、全时段、全周期"政务服务"跨省通办"生态联盟模式。

本研究系北京市自然科学基金面上项目（9212002）、国家自然科学基金青年基金项目（72004143）的阶段性成果，也是首都经济贸易大学特大城市经济社会发展研究院（首都高端智库）、特大城市经济社会发展研究省部共建协同创新中心、市属高校分类发展—京津冀协同发展与城市群系统演化的政产学研用平台构建的资助成果。

本研究由叶堂林、吴明桓、王传恕等 6 名作者共同完成。其中，理论分析部分由吴明桓完成，现状分析部分由王传恕完成，问题分析部分由张彦淑完成，他山之石部分由于欣平完成，国际贸易规则借鉴部分由郭佳钦完成。其余部分由所有作者共同完成。

目录
CONTENTS

第一章 研究意义、研究背景与研究思路

一、研究意义

（一）自由贸易试验区建设是对接国际经贸规则和推动区域战略发展的重要举措

在当前国际经济发展新形势下，为了更好地巩固改革开放以来取得的建设成果，国内积极推进自由贸易试验区（简称"自贸试验区"或"自贸区"）建设，依托自由贸易试验区在深化改革、扩大开放中先行先试，探索国际经贸合作的新机制与新模式，进一步畅通外循环通道，打通内循环关键性机制性堵点，助力构建"国内国际双循环新发展格局"。从国内的自由贸易试验区建设实践来看，2013 年，国务院正式印发上海自由贸易试验区建设总体方案。上海自由贸易试验区作为我国推进改革和提高开放型经济水平的"试验田"，承担着形成可复制、可推广的制度建设结果并为下一步深化改革开放打好基础的重要任务。在上海自由贸易试验区的示范带领作用下，我国自由贸易试验区由沿海向内陆逐步推进，至今已先后批准设立 21 个自由贸易试验区。自由贸易试验区始终坚持以制度创新为核心，在对外开放进程中发挥了示范带动和服务全国发展的作用。我国自由贸易试验区战略在制度创新、试点经验推广和示范引领方面取得了良好的效果，为加快构建以国内大循环为主体、国内国际双循环相互促进的新发展格局注入了新动能。

（二）京津冀三地自由贸易试验区联动发展是实现京津冀协同发展的重要推动力

京津冀城市群作为经济增长的重要引擎，集聚了大量的企业和创新资

源，促进了国际技术转移和创新合作，是吸引外商投资和国际贸易的重要枢纽。推动京津冀三地自由贸易试验区联动发展有助于促进区域一体化和资源共享。京津冀三地可以在经济、科技、教育等方面实现优势互补，加强区域间的协同合作，吸引更多国际企业和投资者进驻，形成产业链和供应链的协同发展，提高整个城市群的竞争力和吸引力。目前，京津冀三地自由贸易试验区的联动发展尚处于起步阶段。在顶层设计上，国家发展改革委、商务部出台《外商投资准入特别管理措施（负面清单）（2021年版）》和《自由贸易试验区外商投资准入特别管理措施（负面清单）（2021年版）》，三地签署《京津冀自贸试验区三方战略合作框架协议》。在合作形式上，依托京津冀三地自由贸易试验区联席会议进行前期协调，各方都在积极推动绘制京津冀三地自由贸易试验区合作发展蓝图。相较于国内其他自由贸易试验区，京津冀三地自由贸易试验区联动具备后发优势，在充分借鉴其他自由贸易试验区联动发展成熟经验的基础上，加强统筹谋划，理顺协调机制，能够在数字经济等新的贸易领域探索形成符合京津冀协同发展特点的新优势，为各领域发展提供政策创新、制度引领、功能提升、产业合作的示范高地。

二、研究背景

（一）京津冀协同发展战略实施以来三地相继开展自由贸易试验区建设

中国（天津）自由贸易试验区、中国（河北）自由贸易试验区和中国（北京）自由贸易试验区分别于2015年4月、2019年8月和2020年9月正式揭牌。中国（天津）自由贸易试验区是中国北方首个自由贸易试验区，"十三五"时期在制度创新、扩大开放、协同联动、创新发展等领域取得了积极成效，《中国（天津）自由贸易试验区总体方案》《进一步深化中国（天津）自由贸易试验区改革开放方案》中确定的战略定位和建设目标基本实现，国家在天津自由贸易试验区部署的任务基本完成，累计实施502项制度创新措施，向全国复制推广38项试点经验和实践案例，充分发挥了制度创新试验田的作用，为京津冀三地自由贸易试验区联动发展奠定了坚实的基础。中国（河北）自由贸易试验区自成立以来，形成

了涉及贸易和投资便利化、政府职能转变、产业开放发展、京津冀协同等
领域共 16 项制度创新案例，其中跨区域市政公共资源供应兼容模式和跨
省市土地征收联动协商机制两个案例是河北自由贸易试验区为推动三地自
由贸易试验区联动发展进行的成功探索。《中国（北京）自由贸易试验区
总体方案》中明确了北京自由贸易试验区的战略定位与发展目标，在政
府职能转变、投资和贸易自由化和便利化、金融领域开放创新、数字经济
发展、创新驱动发展等方面作出了明确规划，为三地自由贸易试验区的协
同联动、错位发展奠定了较好的基础。

（二）三地共同签署《京津冀自贸试验区三方战略合作框架协议》

京津冀三地自由贸易试验区联动发展为更好地探索共同发展路径和服
务京津冀协同发展重大国家战略提供了有力支撑。三地自由贸易试验区分
别出台了《中国（河北）自由贸易试验区条例》《中国（北京）自由贸易
试验区条例》《中国（天津）自由贸易试验区发展"十四五"规划》，明确
了自由贸易试验区建设的指导思想、基本原则、战略定位、发展目标和重
点任务。2020 年 10 月，时任北京市委书记蔡奇在推进"两区"①建设动员
部署大会中强调"推动形成统一的开放市场，提升区域通关便利化水平，
促进三地自由贸易试验区联动发展"。2021 年 9 月 27 日，首届京津冀三地
自由贸易试验区联席会议召开，三地共同签署《京津冀自贸试验区三方战
略合作框架协议》。该协议主要包括 9 项合作内容与 4 项战略合作组织机
制，力求通过政府协同、多方参与、资源整合，推进三地政策互通互鉴，
促进三地自由贸易试验区联动发展，从而形成优势互补、各具特色、共建
共享的协同发展格局，为实现京津冀更高质量协同发展提供了一定的制度
保障。

三、研究综述

我国国内对自由贸易试验区的研究文献正在不断丰富。截至 2023 年
2 月 10 日，在中国知网以"自由贸易试验区"或"自贸区"为关键词搜

---

① "两区"即国家服务业扩大开放综合示范区和中国（北京）自由贸易试验区。

索，结果显示期刊文章数量达 5 127 篇，其中来源类别为北大核心、CSSCI、CSCD 的期刊文章数量为 721 篇。进一步筛查，以自由贸易试验区自身发展及其相关领域为主题的核心研究文献有 543 篇。经过归纳梳理，发现大部分研究文献均围绕自由贸易试验区与创新发展、自由贸易试验区与产业结构升级、自由贸易试验区与区域经济增长这几个重点领域开展研究。因此，本部分以以上几个研究领域为切入点，对有关自由贸易试验区方面的主要文献进行综述。

（一）关于自由贸易试验区与创新的研究现状

早在上海自由贸易试验区正式批准之前，国内有关学者就对上海建设自由贸易试验区的可行性进行了研究。例如，雷仲敏提议在上海浦东建立一个国际性的自由贸易港，为上海打造成"四个中心"服务[①]。丁国杰则认为，未来在自由贸易试验区建设、免税购物功能扩张以及发展离岸业务等方面，上海可以有所突破[②]。在自由贸易试验区成立之后，学者们大多以上海自由贸易试验区为样本，对自由贸易试验区的概念、目标、功能定位、建立的基础、金融制度等不同领域的基本情况进行分析[③④⑤⑥⑦]，试图勾勒出中国自由贸易试验区的建设特点，并总结其颁布的各项政策和创新实践，为自由贸易试验区的发展和建设出谋划策。例如，仰炬和唐莹分析了上海自由贸易试验区建设的背景、核心、关键因素及相互关系[⑧]。通过借鉴制度创新相关理论，评估了上海自由贸易试验区自成立以来在市场准入、财税制度、金融外汇、贸易便利和法律法规等方面进行制度创新的阶段性成果，分析了其与国

---

① 雷仲敏. 上海浦东建设国际自由贸易港区的探讨 [J]. 科学发展, 2010, 16 (3): 65-72.
② 丁国杰. 论上海国际贸易中心建设的重要突破口 [J]. 开放导报, 2011, 158 (5): 46-49.
③ 王道军. 上海自贸区建立的基础与制度创新 [J]. 开放导报, 2013, 170 (5): 30-33.
④ 曹广伟, 宋利朝. 全面深化经济体制改革的"试验田": 中国（上海）自由贸易试验区的制度创新 [J]. 中国特色社会主义研究, 2013, 114 (6): 78-82.
⑤ 王国刚. 链接自由贸易 推进金融体制机制创新 [J]. 上海金融, 2013, 400 (11): 13-17.
⑥ 阳建勋. 论自贸区金融创新与金融监管的互动及其法治保障: 以福建自贸区为例 [J]. 经济体制改革, 2017, 202 (1): 50-56.
⑦ 程翔, 杨宜, 张峰. 中国自贸区金融改革与创新的实践研究: 基于四大自贸区的金融创新案例 [J]. 经济体制改革, 2019, 216 (3): 12-17.
⑧ 仰炬, 唐莹. 中国（上海）自由贸易试验区金融创新研究 [J]. 国际商务研究, 2014, 35 (3): 38-44, 67.

际高标准制度间存在的差距，并提出制度创新需要把握的原则和重点①②。深入分析自由贸易试验区的发展战略意义、改革创新点、发展机遇和发展原则，对确保自由贸易试验区良性发展及进一步丰富社会主义市场经济理论有重要意义③。田惠敏、熊超、田天就自由贸易试验区成立的战略意义及发展趋势进行了研究，认为国内自由贸易试验区应以国际物流为导向，发展国际贸易，促进经济发展④。

自由贸易试验区的政策试验之所以能够不断深入，主要在于其有效的推进机制⑤。上海及其他各地自由贸易试验区的基本制度框架初步建立后，学者们陆续开始了关于如何更好地推动自由贸易试验区建设发展的研究。由于自由贸易试验区是一个较为综合的经济体，因此涉及的研究领域相对繁杂，但基本围绕制度创新、金融创新、科技创新三大领域开展研究。例如，任春杨和毛艳华深入分析了自由贸易试验区金融业改革创新的关键对策⑥。郭永泉从税收制度创新出发，对自由贸易试验区建设过程中的税收制度创新成效、不足以及对策与建议深入分析⑦。黄建洪则基于"结构-行动"视角，探究了自由贸易试验区制度创新研究机理⑧。刘晓宁分析了双循环新发展格局下自由贸易试验区制度创新的成效以及差异化特征⑨。李志勤以四川自由贸易试验区为

① 江若尘，陆煊. 中国（上海）自由贸易试验区的制度创新及其评估：基于全球比较的视角 [J]. 外国经济与管理，2014，36（10）：71-81.
② 王全兴，王凤岩. 我国自贸区社会组织建设的制度创新初探 [J]. 上海财经大学学报，2014，16（3）：4-11.
③ 赵胜文，张富国. 论全面深化改革背景下上海自贸区的创新发展 [J]. 经济问题，2015，429（5）：28-31.
④ 田惠敏，熊超，田天. 自贸区建设的战略意义及其发展趋势研究 [J]. 中国市场，2015，863（48）：111-116.
⑤ 卢迪. 上海自由贸易试验区制度创新的演进过程与推进机制 [J]. 当代经济研究，2018，270（2）：81-87.
⑥ 任春杨，毛艳华. 新时期中国自贸试验区金融改革创新的对策研究 [J]. 现代经济探讨，2019，454（10）：1-8.
⑦ 郭永泉. 自由贸易试验区的税收制度：建设进程、创新成效和深化改革 [J]. 税收经济研究，2019，24（1）：8-16.
⑧ 黄建洪. 注意力分配视域下自贸区制度创新机理研究：基于自贸区苏州片区若干典型案例的分析 [J]. 苏州大学学报（哲学社会科学版），2021，42（6）：46-55.
⑨ 刘晓宁. 双循环新发展格局下自贸试验区创新发展的思路与路径选择 [J]. 理论学刊，2021，297（5）：59-67.

例探索了高质量发展下自由贸易试验区创新发展思路①。

随着自由贸易试验区建设的改革开放效应开始显现，学者们将研究焦点转向了自由贸易试验区建设经验的复制与推广，并试图探索自由贸易试验区建设所产生的溢出效应。学者们总结了上海自由贸易试验区建设的历史、总体情况，分析了自由贸易试验区在地方区域创新中的重要作用②③，并从理论层面对上海自由贸易试验区的制度创新外溢效应进行了研究④。他们认为，作为紧邻上海的港口型城市，短期内常熟必将受到上海自由贸易试验区制度创新的"虹吸效应"影响，但从长远来看，上海自由贸易试验区制度创新将给常熟带来更多的辐射效应，有利于常熟承接新一波产业转移、发展先进制造业与现代生产性服务业、升级港口经济、提升经济国际化水平等。通过合成控制法以及反事实分析方法，学者们从定量分析的角度证实了上海自由贸易试验区的设立能够促进上海创新水平的提升，并发现上海自由贸易试验区金融开放创新能够有效拉升上海金融业增加值，且其地区生产总值增长贡献率已经与社会固定资产投资相当⑤⑥。徐洁香等以福建、天津、广东、上海4个自由贸易试验区为样本，定量分析了自由贸易试验区对不同类型专利数量的影响差异，发现自由贸易试验区对地区创新质量的提升起到了促进作用⑦。

更有学者进一步对自由贸易试验区推动区域创新发展的具体过程和机理进行了深入探讨，发现自由贸易试验区的设立能够有效促进地区创新发展，且随着设立时间的增长，创新投入净效应呈"U"形态势，创新产出净效应

① 李志勤. 高质量发展下自贸试验区创新发展思路：以四川自贸试验区为例 [J]. 宏观经济管理，2021，448（2）：34-39.

② 沈开艳，徐琳. 中国上海自由贸易试验区：制度创新与经验研究 [J]. 广东社会科学，2015，173（3）：14-20.

③ 李婉星. 自贸区背景下政府区域创新问题研究 [J]. 商业经济研究，2017，734（19）：189-192.

④ 曹旭平，朱福兴. 上海自贸试验区制度创新外溢效应研究：以江苏为例 [J]. 改革与战略，2016，32（2）：72-75.

⑤ 刘秉镰，王钺. 自贸区对区域创新能力的影响效应研究：来自上海自由贸易试验区准实验的证据 [J]. 经济与管理研究，2018，39（9）：65-74.

⑥ 周明升，韩冬梅. 上海自贸区金融开放创新对上海的经济效应评价：基于"反事实"方法的研究 [J]. 华东经济管理，2018，32（8）：13-18.

⑦ 徐洁香，雷颖飞，邢孝兵. 自由贸易试验区的创新质量效应研究 [J]. 国际商务（对外经济贸易大学学报），2020，195（4）：17-31.

呈逐步扩大趋势①。也有学者得出了不同的结论，发现自由贸易试验区对地区创新能力的影响效果呈现出分段式特征，即初期促增作用明显，后期影响效果趋缓②。还有学者探究了自由贸易试验区对区域创新影响的异质性，发现自由贸易试验区建设对城市技术创新水平的影响在不同城市之间存在差异，沿海型自由贸易试验区的提升作用强于内陆型自由贸易试验区，高等级城市的创新效应强于低等级城市，更早批次确立的城市创新效应更强③④。通过进一步聚焦，部分学者将目光放在了自由贸易试验区对高端装备制造业创新投入的影响上，发现上海自由贸易试验区金融开放确实具有使高端装备制造业加大创新投入的作用，且相较于国有企业，民营企业受到自由贸易试验区金融开放的融资约束缓解效应更强，更有利于其加大创新投入⑤。不仅如此，自由贸易试验区的制度创新还能够显著提升地区企业全要素生产率，且异质性分析表明自由贸易试验区的制度创新对非国有企业全要素生产率的提升有显著的促进作用，而对于国有企业全要素生产率的提升作用并不显著⑥⑦。方云龙和刘佳鑫认为，自由贸易试验区的设立能显著提升企业的技术创新能力⑧。刘钒和向叙昭认为，自由贸易试验区建设能够显著提升所在城市高新区创新资源集聚水平，但对高新区创新效率的提升作用不显著⑨。通过将创新效率进一步分解，发现自由贸易试验区建设对创新的影响主要体现在显著提高技术效率上。

① 高增安，李肖萌. 自贸区设立背景下的区域创新发展及其影响路径 [J]. 管理现代化，2019，39（5）：50-54.
② 张颖，逯宇铎. 自贸区建设对区域经济增长及创新能力影响研究：以辽宁自贸区为例 [J]. 价格理论与实践，2019，417（3）：130-133.
③ 叶霖莉. 自贸区建设对地区技术创新水平的影响效应研究 [J]. 技术经济与管理研究，2021，302（9）：24-28.
④ 崔日明，陈永胜. 自贸区设立、经济集聚与城市创新 [J]. 经济理论与经济管理，2022，42（11）：97-112.
⑤ 邢会，杨子嘉，张金慧. 上海自贸区金融开放对高端装备制造业创新投入的影响研究：基于融资约束视角的准自然实验 [J]. 工业技术经济，2022，41（6）：71-77.
⑥ 吕洪燕，孙喜峰，齐秀辉. 制度创新与企业全要素生产率：来自中国自由贸易试验区的证据 [J]. 软科学，2020，34（10）：76-83.
⑦ 谭建华，严丽娜. 自由贸易试验区设立与企业技术创新 [J]. 中南财经政法大学学报，2020，239（2）：48-56.
⑧ 方云龙，刘佳鑫. 自由贸易试验区设立能促进企业创新吗？：来自创业板上市公司的经验证据 [J]. 国际金融研究，2021，413（9）：25-33.
⑨ 刘钒，向叙昭. 自贸区建设对国家高新区创新效率的影响评估及机制分析 [J]. 科技进步与对策，2023，40（9）：1-11.

在影响因素的探索方面，学者们从中介效应出发，认为经济增长、FDI（外商直接投资）和教育水平是自由贸易试验区对创新发展的关键中介因素[1]，而对于企业层面，市场竞争与融资约束则是有效的中介路径[2]。就创新路径而言，自由贸易试验区往往会通过"内源性创新+外延式创新"双路径方式实现企业整体创新水平的提升；就创新机制而言，企业家风险容忍度的提升以及企业融资约束的缓解，将在驱动企业创新研发投入中发挥明显的协同作用[3][4]。叶霖莉认为，自由贸易试验区建设能够通过贸易便利化、投资便利化、产业集聚等渠道显著地带动地区技术创新水平的提升[5]。邢会等认为，上海自由贸易试验区金融开放能够缓解企业外部融资约束从而促进高端装备制造业的研发投入，并且赢利能力越强的企业在金融开放改革中获得的红利越多，融资约束缓解程度更为明显[6]。崔日明和陈永胜发现，自由贸易试验区的设立可通过经济集聚促进所在城市创新能力提升，且自由贸易试验区的设立对周围城市的创新能力来说是一个帕累托改进，表现为自由贸易试验区显著促进了周围城市人均低端专利授权量的增加[7]。

（二）关于自由贸易试验区与产业结构升级的研究现状

衡量发展中国家与发达国家经济发展水平差异的一个重要指标就是产业水平的差距，发展中国家对于产业结构调整的需求程度更高[8]。我国经济结构尤其是产业结构的弊端日趋明显，相关领域学者也在积极探究推动产业结构

① 高增安，李肖萌．自贸区设立背景下的区域创新发展及其影响路径 [J]．管理现代化，2019，39（5）：50-54．

② 谭建华，严丽娜．自由贸易试验区设立与企业技术创新 [J]．中南财经政法大学学报，2020，239（2）：48-56．

③ 吕洪燕，孙喜峰，齐秀辉．制度创新与企业全要素生产率：来自中国自由贸易试验区的证据 [J]．软科学，2020，34（10）：76-83．

④ 方云龙，刘佳鑫．自由贸易试验区设立能促进企业创新吗?：来自创业板上市公司的经验证据 [J]．国际金融研究，2021，413（9）：25-33．

⑤ 叶霖莉．自贸区建设对地区技术创新水平的影响效应研究 [J]．技术经济与管理研究，2021，302（9）：24-28．

⑥ 邢会，杨子嘉，张金慧．上海自贸区金融开放对高端装备制造业创新投入的影响研究：基于融资约束视角的准自然实验 [J]．工业技术经济，2022，41（6）：71-77．

⑦ 崔日明，陈永胜．自贸区设立、经济集聚与城市创新 [J]．经济理论与经济管理，2022，42（11）：97-112．

⑧ SYRQUIN M，CHENERY H．Three decades of industrialization [J]．World bank economic review，1989，3（2）：145-181．

实现升级的关键因素。基于我国产业结构的形成和演变轨迹，我国学者普遍认为服务业、外商投资以及国际贸易都会对产业结构的完善和优化起到积极的推动作用①，自由贸易试验区的设立是众多影响产业结构优化升级要素中的核心要素②。自由贸易试验区的设立可以打破贸易壁垒，实现生产要素、商品及服务的跨空间自由流动，达到降低贸易成本的目的，进而显著影响区域内产业分工及区位选择③。

随着自由贸易试验区设立带来的红利效应不断显现，国内学者也开始找寻自由贸易试验区与产业结构升级之间的联系，试图从中得到启发。但当时我国自由贸易试验区仍处于早期发展阶段，相关的数据仍不全面，使得最初的探究基本集中在理论分析层面或只是进行简单的数据趋势描述。梁权等从理论视角初步分析了中国-东盟自由贸易试验区给河北省产业结构调整带来的积极影响和消极影响④。一方面，中国-东盟自由贸易试验区为河北省产业结构调整提供更丰富的原材料、更加广阔的市场以及技术资金支持，另一方面，中国-东盟自由贸易试验区会引发河北省传统出口产业利润水平下降、劳动密集产业竞争加剧等负面问题。刘学新和马君潞从产业政策和产业竞争力角度分析了在自由贸易试验区战略中的中国产业发展战略⑤。宋炳良则结合上海自由贸易试验区的实际建设经验，阐述了上海自由贸易试验区的设立及其经验的复制推广，将对改善我国产业结构、实现经济可持续发展产生巨大的促进作用⑥。从前人的理论分析基本可以得出以下结论：自由贸易试验区对产业结构升级的影响存在一定两面性，需要通过政策的不断调整以及有效经验的合理推广才能产生更大的效果。之后的学者试图通过实证分析对这一结论进行验证。

① 宋炳良. 中国产业结构调整与上海自由贸易试验区建设 [J]. 企业经济, 2014, 406 (6): 5-8.

② 方云龙. 自由贸易试验区建设促进了区域产业结构升级吗?: 来自沪津闽粤四大自贸区的经验证据 [J]. 经济体制改革, 2020, 224 (5): 178-185.

③ KRUGMAN P R. Increasing returns, monopolistic competition, and international trade [J]. Journal of international economics, 1979, 9 (4): 469-479.

④ 梁权, 付锦泉, 赵悦. 中国-东盟自贸区对河北省产业结构调整的影响 [J]. 河北学刊, 2011, 31 (6): 219-221.

⑤ 刘学新, 马君潞. 自贸区建设发展中的中国产业政策与产业竞争力 [J]. 现代管理科学, 2014, 254 (5): 32-35.

⑥ 宋炳良. 中国产业结构调整与上海自由贸易试验区建设 [J]. 企业经济, 2014, 406 (6): 5-8.

上海自由贸易试验区由于设立时间较早，且发展相对成熟，因此成为大多数学者的实证研究对象。学者们采用合成控制法、回归控制法等热门研究方法，对上海自由贸易试验区与产业结构升级之间的关系进行评估，发现上海自由贸易试验区的设立及相关政策的落实对产业结构高度化具有显著正向影响，而对产业结构合理化的促进作用则较不稳定①②③。以多个自由贸易试验区为研究对象的实证分析同样验证了这一结论④⑤。

不仅如此，学者们还试图更进一步探究自由贸易试验区影响产业结构升级的作用机理。自由贸易试验区建设主要通过创新驱动效应、资源配置效应、产业集聚效应等效应对产业结构高度化产生影响，其中技术创新和制度创新在自由贸易试验区设立与产业结构升级过程中产生中介效应⑥⑦。梁双陆等验证了自由贸易试验区通过投资结构、进口贸易结构、出口贸易结构、经济增长、消费需求5种路径对区域产业结构转型升级的影响⑧。也有学者发现自由贸易试验区设立主要通过贸易便利化和投资便利化的途径促进产业结构升级⑨。产业优化升级过程体现了社会生产率的变动，表明生产要素从低效率的产业向高效率的产业转移⑩。支宇鹏等发现，自由贸易试验区建设有效调节了资本

① 黎绍凯，李露一．自贸区对产业结构升级的政策效应研究：基于上海自由贸易试验区的准自然实验［J］．经济经纬，2019，36（5）：79-86.
② 李世杰，赵婷茹．自贸试验区促进产业结构升级了吗？：基于中国（上海）自贸试验区的实证分析［J］．中央财经大学学报，2019，384（8）：118-128.
③ 邓慧慧，赵家羚，赵晓坤．自由贸易试验区助推产业升级的效果评估：基于产业技术复杂度视角［J］．国际商务（对外经济贸易大学学报），2020，196（5）：35-48.
④ 冯锐，陈蕾，刘传明．自贸区建设对产业结构高度化的影响效应研究［J］．经济问题探索，2020，458（9）：26-42.
⑤ 叶霖莉．自贸区设立的产业结构升级效应：基于PSM-DID方法的实证分析［J］．国际商务研究，2023，44（1）：87-100.
⑥ 冯锐，陈蕾，刘传明．自贸区建设对产业结构高度化的影响效应研究［J］．经济问题探索，2020，458（9）：26-42.
⑦ 李晓钟，叶昕．自贸试验区对区域产业结构升级的政策效应研究［J］．国际经济合作，2021，412（4）：46-53.
⑧ 梁双陆，侯泽华，崔庆波．自贸区建立对于经济收敛的影响：基于产业结构升级的中介效应分析［J］．经济问题，2020，493（9）：109-117.
⑨ 叶霖莉．自贸区设立的产业结构升级效应：基于PSM-DID方法的实证分析［J］．国际商务研究，2023，44（1）：87-100.
⑩ PENEDER M. Industrial structure and aggregate growth［J］. Structural change & economic dynamics，2003，14（4）：427-448.

要素的作用路径，增强了资本要素对产业转型升级的促进作用①。制造业的升级是体现产业优化升级的重要方面②，自由贸易试验区的设立对地区制造业的劳动力、资本，以及 R&D（研发）人员、R&D 资本四类生产要素的错配均有显著的缓解作用③。不仅如此，自由贸易试验区的建设能够通过贸易便利化实现高技术含量的中间商品进口增加，通过投资便利化会实现外资集聚规模经济进而产生技术溢出，有利于抑制地区制造业规模空心化和效率空心化，这对于我国进一步加快自由贸易试验区建设以实现制造业空心化破局具有重要的启示作用④。

此外，自由贸易试验区促进产业结构升级的作用呈现出明显的区域异质性。在经济发展水平较好、金融业较为发达的地区，自由贸易试验区对区域产业结构升级往往呈现更为显著的积极作用⑤⑥。从中国自身区域划分的结果来看，自由贸易试验区产业结构升级效应存在地区和批次异质性，自由贸易试验区建设对东部地区产业结构转型升级的促进效应明显高于中、西部地区⑦⑧。内陆型自由贸易试验区的产业结构高级化效应高于沿海型自由贸易试验区，沿海型自由贸易试验区的产业结构合理化效应更显著。第一批次自由贸易试验区产业结构合理化的提升作用最强，第三批次自由贸易试验区产业结构高级化的促进作用最强⑨。此后，学者们不再局限于自由贸易试验

---

① 支宇鹏，黄立群，陈乔. 自由贸易试验区建设与地区产业结构转型升级：基于中国 286 个城市面板数据的实证分析 [J]. 南方经济，2021，379（4）：37-54.

② DOUSSARD M，SCHROCK G. Uneven decline：linking historical patterns and processes of industrial restructuring to future growth trajectories [J]. Cambridge journal of regions economy & society，2015，8（2）：149-165.

③ 熊宇航，湛婧宁. 自贸试验区的设立对制造业资源错配的改善效应研究 [J]. 软科学，2022，36（9）：57-64.

④ 聂飞. 自贸区建设抑制了地区制造业空心化吗：来自闽粤自贸区的经验证据 [J]. 国际经贸探索，2020，36（3）：60-78.

⑤ 梁双陆，侯泽华，崔庆波. 自贸区建立对于经济收敛的影响：基于产业结构升级的中介效应分析 [J]. 经济问题，2020，493（9）：109-117.

⑥ 李晓钟，叶昕. 自贸试验区对区域产业结构升级的政策效应研究 [J]. 国际经济合作，2021，412（4）：46-53.

⑦ 支宇鹏，黄立群，陈乔. 自由贸易试验区建设与地区产业结构转型升级：基于中国 286 个城市面板数据的实证分析 [J]. 南方经济，2021，379（4）：37-54.

⑧ 熊宇航，湛婧宁. 自贸试验区的设立对制造业资源错配的改善效应研究 [J]. 软科学，2022，36（9）：57-64.

⑨ 叶霖莉. 自贸区设立的产业结构升级效应：基于 PSM-DID 方法的实证分析 [J]. 国际商务研究，2023，44（1）：87-100.

区与产业结构升级之间内部关系的探讨，而是将这一作用关系融入经济增长理论当中，并将产业结构升级看作自由贸易试验区实现区域经济增长的中介机制①②。陈少晖和张锡书以福建自由贸易试验区为研究对象，探究了产业结构变动、对外贸易开放与经济增长之间的循环系统机制，发现产业结构优化和贸易开放提升均能拉动经济增长，同时在短期内产业结构优化对经济发展的影响强于贸易开放的提升③。

（三）关于自由贸易试验区与区域经济增长的研究现状

自由贸易试验区建设是我国进一步深化改革和扩大开放的重要举措，能够有效推进地区经济高质量增长。但由于自由贸易试验区从设立直到对区域经济增长产生明显影响往往需要一个过程，因此，在自由贸易试验区的经济增长效应显现之前，学者们侧重于探究进出口、对外贸易、投资等独立因素给区域经济增长带来的影响。随着自由贸易试验区带来的经济效应逐渐显现，学者们便开始将自由贸易试验区视为一个综合经济体，探究其与区域经济增长之间的关系。自2017年以来，对自由贸易试验区经济效应的评估逐渐成为学术界研究的热点，大部分研究表明自由贸易试验区的设立对经济增长有明显的正向影响，且不同地区存在一定的异质性，有关自由贸易试验区经济增长效应动力机制的研究文献也在逐渐增多。

早期学者往往以单一自由贸易试验区为研究对象，探究其经济增长效应。谭娜等以上海自由贸易试验区为研究样本，最先对中国自由贸易试验区的经济增长效应进行研究，发现自由贸易试验区的挂牌运行促进了上海进出口总额的增长，进而驱动了上海经济的发展④。此后反事实分析逐渐成为热潮，其中，殷华、王利辉、应望江和范波文等学者利用类似方法，基于其他学者（Hsiao et al.，2012）提出的面板数据评估方法，对上海、天津、

---

① 梁双陆，侯泽华，崔庆波. 自贸区建立对于经济收敛的影响：基于产业结构升级的中介效应分析 [J]. 经济问题，2020，493（9）：109-117.

② 赵亮. 自贸试验区驱动区域产业结构升级的机理探讨 [J]. 经济体制改革，2021，228（3）：122-127.

③ 陈少晖，张锡书. 产业结构高级化、贸易开放度与福建经济增长 [J]. 福建师范大学学报（哲学社会科学版），2016，197（2）：29-36.

④ 谭娜，周先波，林建浩. 上海自贸区的经济增长效应研究：基于面板数据下的反事实分析方法 [J]. 国际贸易问题，2015，394（10）：14-24.

福建、广州等地的自由贸易试验区设立的经济效应进行了评估，均证实了自由贸易试验区的制度创新能够产生一定的"政策红利"效应，并促进地方经济增长①②③。不仅如此，很多学者的研究结果均表明不同自由贸易试验区的设立对当地及周边地区的经济运行产生了不同程度的影响，且存在明显的差异化特征④⑤⑥，例如天津和福建自由贸易试验区对经济增长的促进效应往往不明显，而上海和广东自由贸易试验区更能有效促进区域经济增长，且这一促进效应存在明显的滞后性⑦。此外，还有学者运用 VAR 模型（向量自回归模型）中的脉冲响应函数和方差分解分析方法，对广东自由贸易试验区成立的经济增长效应进行验证⑧。赵静基于系统动力学方法深入研究，发现上海自由贸易试验区的发展能够有效促进上海及周边地区的经济、人才和政策的发展⑨。以广东自由贸易试验区为例，从长期来看，自由贸易试验区的设立确实对相邻地区之间的经济联系强度的提升起到了重要的促进作用，但短期内政策的滞后性使得该效应未能凸显⑩。孙英杰等评估了自由贸易试验区的设立对经济"三驾马车"的影响，发现自由贸易试验区的设立对投资水平和出口水平具有显著的促进作用，而对消费水平具有显著的抑制作用⑪。

① 殷华，高维和. 自由贸易试验区产生了"制度红利"效应吗?：来自上海自贸区的证据 [J]. 财经研究，2017，43（2）：48-59.
② 王利辉，刘志红. 上海自贸区对地区经济的影响效应研究：基于"反事实"思维视角 [J]. 国际贸易问题，2017，410（2）：3-15.
③ 应望江，范波文. 自由贸易试验区促进了区域经济增长吗?：基于沪津闽粤四大自贸区的实证研究 [J]. 华东经济管理，2018，32（11）：5-13.
④ 刘秉镰，吕程. 自贸区对地区经济影响的差异性分析：基于合成控制法的比较研究 [J]. 国际贸易问题，2018，423（3）：51-66.
⑤ 冯帆，许亚云，韩剑. 自由贸易试验区对长三角经济增长外溢影响的实证研究 [J]. 世界经济与政治论坛，2019，336（5）：118-138.
⑥ 叶霖莉. 中国自贸区的经济增长效应评估：基于沪津闽粤自贸区的实证研究 [J]. 国际商务研究，2020，41（3）：97-108.
⑦ 叶修群. 自由贸易试验区与经济增长：基于准自然实验的实证研究 [J]. 经济评论，2018，212（4）：18-30.
⑧ 黄丽霞. 自由贸易区对区域经济增长的影响：基于广东自贸区成立前后数据对比的 VAR 模型分析 [J]. 商业经济研究，2017，735（20）：154-156.
⑨ 赵静. 上海自贸区的经济溢出效应：基于系统动力学的方法 [J]. 国际商务研究，2016，37（2）：77-86.
⑩ 汪文姣，戴荔珠，赵晓斌. 广东自贸区对粤港澳经济联系强度的影响效应评估：基于反事实分析法的研究 [J]. 国际经贸探索，2019，35（11）：49-65.
⑪ 孙英杰，林春，康宽. 自贸区建设对经济"三驾马车"影响的实证检验 [J]. 统计与决策，2020，36（23）：70-72.

近年来，学者们进一步扩大研究范围，通过将我国所有自由贸易试验区纳入研究对象，或者将自由贸易试验区分为内陆型和沿海型，探究全国范围内自由贸易试验区经济增长效应的具体特征。例如，张军等从总体考察、区域比较、时间趋势等多个角度就我国 11 个自由贸易试验区对地区经济增长的影响强度展开经验研究[1]，发现沿海自由贸易试验区对经济增长的正向促进效应小于内陆型自由贸易试验区，且三批自由贸易试验区对经济增长的正向促进效应呈现先下降后上升的"U"形趋势。有些学者则得出了不同的结论，他们发现沿海省份设立自由贸易试验区的效果优于内陆省份，且东北、中部省份设立自由贸易试验区的效果优于西部、中部省份[2][3][4][5]，但可能存在一定的滞后效应[6]。西部自由贸易试验区对地区经济增长的影响效应呈现先增强后减弱的趋势，且存在地区差异性，例如四川和陕西的自由贸易试验区的经济增长效应显著，重庆自由贸易试验区的经济增长效应不明显[7]。对于内陆型自由贸易试验区，部分学者发现其所在中心城市对腹地城市的经济发展兼具辐射效应和虹吸效应，但整体净效应表现为辐射效应，且随着不同腹地类型的变化大致呈"倒 U"形或"S"形分布[8]。

随着自由贸易试验区的经济增长效应及其在全国范围内的特征逐渐明晰，学者们开始进一步探究自由贸易试验区与区域经济增长效应之间的动力机制。赵亮对自由贸易试验区对经济增长的驱动机制进行了理论探究，他提出"自贸区驱动"会产生一系列的自由贸易试验区红利，通过这些红利影响经济增

① 张军，闫东升，冯宗宪，等. 自由贸易区的经济增长效应研究：基于双重差分空间自回归模型的动态分析 [J]. 经济经纬，2019，36（4）：71-77.
② 郎丽华，冯雪. 自贸试验区促进了地区经济的平稳增长吗？：基于数据包络分析和双重差分法的验证 [J]. 经济问题探索，2020，453（4）：131-141.
③ 邱冬阳，曹奥臣，甘珈蔚. 设立自贸区促进经济增长存在地区差异吗？：基于准自然实验的实证研究 [J]. 投资研究，2022，41（11）：65-81.
④ 王爱俭，方云龙，于博. 中国自由贸易试验区建设与区域经济增长：传导路径与动力机制比较 [J]. 财贸经济，2020，41（8）：127-144.
⑤ 张红霞，葛倩倩，卢超. 自由贸易试验区、制度创新与地区经济高质量增长 [J]. 统计与决策，2022，38（1）：90-94.
⑥ 白仲林，孙艳华，未哲. 自贸区设立政策的经济效应评价和区位选择研究 [J]. 国际经贸探索，2020，36（8）：4-22.
⑦ 何杰，唐亮. 西部内陆自贸区的经济增长效应研究：基于合成控制法 [J]. 国际商务研究，2023，44（1）：101-110.
⑧ 胡艺，张义坤，刘凯. 内陆型自贸区的经济外部性："辐射效应"还是"虹吸效应"？[J]. 世界经济研究，2022，336（2）：54-72.

长的诸多要素进而驱动经济增长①。"自贸区驱动"的驱动机制包括静态和动态两部分，静态作用机制通过激发贸易红利及福利效应促进经济增长，而动态作用机制则通过刺激投资、竞争、规模、技术等不同效应的产生激发经济增长，静态和动态作用机制中的各效应之间相互联系，共同作用。更进一步，他通过构建"3×3×2"数理模型对我国自由贸易试验区驱动经济增长情况进行 GTAP（Global Trade Analysis Project，全球贸易分析计划）模拟，结果发现自由贸易试验区可通过对外贸易增长、经济总量扩大和社会福利提高三方面驱动我国经济增长，且具有显著的定位外向性和作用复合性特征②。王爱俭等认为，制度创新是众多驱动因素中的"关键性"因素之一，且"投资贸易"是自由贸易试验区推进区域经济增长的重要"动力"因素③。张红霞等发现，设立自由贸易试验区不仅可以直接促进地区经济高质量增长，还可以通过激励制度创新，间接促进地区经济高质量增长④。

此后，学者们对自由贸易试验区经济增长效应的动力机制进行了更多更丰富的研究，此类研究不断丰富。已有文献认为，自由贸易试验区的设立通过创新、贸易投资、金融效应、产业结构等几个方面促进本地和邻近地区经济增长⑤⑥，跨国自由贸易试验区可以通过技术外溢效应、投资效应、人力资本效应等对东道国经济增长产生积极作用⑦。部分学者仅从局部视角进行了分析。例如，叶霖莉认为，自由贸易试验区主要是通过扩大贸易水平和吸引外商投资的方式促进经济增长，而产业结构优化升级的作用还未得到充分发挥。陈万灵和胡耀认为，自由贸易试验区能够对传统要素和创新要素的流动起到

①　赵亮. 我国自贸区发展及其对经济增长的驱动研究 [J]. 上海经济研究, 2016, 339 (12)：36-43.

②　赵亮. 我国自贸区驱动经济增长的实证模拟：基于对经济增长"创新驱动"的思考 [J]. 上海财经大学学报, 2017, 19 (4)：28-40.

③　王爱俭, 方云龙, 于博. 中国自由贸易试验区建设与区域经济增长：传导路径与动力机制比较 [J]. 财贸经济, 2020, 41 (8)：127-144.

④　张红霞, 葛倩倩, 卢超. 自由贸易试验区、制度创新与地区经济高质量增长 [J]. 统计与决策, 2022, 38 (1)：90-94.

⑤　贾彩彦, 华怡然. 自贸区片区对城市经济的作用评估：基于地级市层面的多期双重差分法研究 [J]. 国际商务研究, 2022, 43 (6)：94-104.

⑥　蔡玲, 杨月涛. 自贸区政策与经济增长 [J]. 现代经济探讨, 2021, 474 (6)：68-76.

⑦　HOSSAIN M S. Foreign direct investment, economic freedom and economic growth：evidence from developing countries [J]. International journal of economics & finance, 2016, 8 (11)：200-214.

显著的促进作用，且这一机制的促进效果存在一定的区域异质性①。不仅如此，还有学者从中介效应的视角展开研究，并证实了金融增加值这一变量的中介效应②。魏蓉蓉和李天德发现，自由贸易试验区提升经济高质量发展水平主要通过提高地区的直接投资比重、企业的专利申请量和资本配置效率三个机制共同实现③。基于金融资源配置效率视角对作用机制的检验结果表明，自由贸易试验区战略对金融资源配置效率较高地区的经济高质量发展的积极作用更显著。

（四）关于自由贸易试验区的其他有关问题的研究现状

虽然大部分研究基本集中在自由贸易试验区与创新、自由贸易试验区与产业结构升级、自由贸易试验区与经济增长几大领域，但也有不少学者从其他角度对自由贸易试验区进行研究分析，这些角度基本包括进出口贸易、资本流动、地方及区域发展、金融服务、农业等。

具体来看，早在上海自由贸易试验区成立之前，就有学者探究了中国-东盟自由贸易试验区降税对我国农业的影响④。陈媛媛等借助经典的引力模型，选取 15 年 39 个国家的跨国数据研究了自由贸易试验区的成立对进口、出口以及总贸易的影响因素，结果表明两国之间距离的影响弹性是最大的⑤。自由贸易试验区设立后，何勤和杨琼分析了上海自由贸易试验区设立对我国贸易的影响，并通过构建引力模型对其贸易便利化进行了实证研究⑥。苏振东和尚瑜通过类似方法定量分析了京津冀经济一体化背景下天津对北京和河北出口企业出口集约边际的影响⑦。不少学者深入考察了自由贸易试验区建设与

---

① 陈万灵，胡耀．自贸区设立的经济效应：基于要素流动和经济增长的分析 [J]．国际商务研究，2023，44（1）：70-86.

② 任再萍，黄成，施楠．上海自贸区金融创新与开放对经济增长贡献研究：基于金融业政策效应视角 [J]．中国软科学，2020，357（9）：184-192.

③ 魏蓉蓉，李天德．自贸区设立与经济高质量发展：基于 FTA 建设的准自然实验证据 [J]．商业经济与管理，2020，343（5）：77-87.

④ 金泽虎．中国-东盟自贸区降税对我国农业的影响 [J]．宏观经济管理，2006，（1）：53-54.

⑤ 陈媛媛，李坤望，王海宁．自由贸易区下进、出口贸易效应的影响因素：基于引力模型的跨国数据分析 [J]．世界经济研究，2010，196（6）：39-45.

⑥ 何勤，杨琼．上海自贸区贸易便利化对贸易流量影响的实证研究 [J]．价格理论与实践，2014，365（11）：98-100.

⑦ 苏振东，尚瑜．京津冀经济一体化背景下的天津"出海口"效应研究：兼论天津自贸区对京津冀协同发展的推动作用 [J]．国际贸易问题，2016，406（10）：108-118.

资本流动之间的关系，发现自由贸易试验区的金融开放会引起资本流动，资本的流动会改变自由贸易试验区内资金的供给状况进而影响利率水平，而利率市场化的推进又会进一步促进金融开放，它们是一个相互促进、密不可分和动态循环的系统①，但往往自由贸易试验区的设立仅对货物贸易进口有显著的正向影响，对货物贸易出口的影响则不显著②。也有学者从产业层面出发，探究自由贸易试验区建设对物流业和电商发展的影响③④。巴曙松等探讨了中国情境下自由贸易试验区金融改革提高金融服务实体经济效率的政策效果及传导渠道⑤。异质性分析方面，康继军、郑维伟以内陆型自由贸易试验区为研究对象，证实了各内陆型自由贸易试验区的显著贸易创造效应⑥。司春晓等分析了自由贸易试验区设立的外资创造和外资转移效应⑦，发现设立自由贸易试验区的城市的合同利用外资和实际利用外资均有显著的增长，合同利用外资增幅更大，且存在溢出效应以及地区和设立批次上的异质性。

对于自由贸易试验区建设与地方及区域发展方面，宋丽颖和郭敏发现自由贸易试验区设立对地方财力增长呈现出显著的促进作用，且这种促进作用具有两年左右的滞后期⑧。刘秉镰和边杨以京津冀为例，分析了自由贸易试验区设立促进区域协同开放的机理，发现京津冀存在边界效应，边界效应年均下降 0.2% ~ 0.3%，自由贸易试验区设立可使京津冀边界效应下降速度加快 0.3 个百分点左右，有利于降低区域要素流动阻力，提高区域协

① 罗素梅，周光友. 上海自贸区金融开放、资本流动与利率市场化 [J]. 上海经济研究，2015，316（1）：29-36.
② 项后军，何康，于洋. 自贸区设立、贸易发展与资本流动：基于上海自贸区的研究 [J]. 金融研究，2016，436（10）：48-63.
③ 丁俊发. 上海自贸区给物流业发展带来的机遇与挑战 [J]. 中国流通经济，2014，28（11）：4-7.
④ 王贵斌，何伟. 自贸区背景下跨境电商发展策略研究：以浙江自贸区为例 [J]. 价格月刊，2018，489（2）：57-60.
⑤ 巴曙松，柴宏蕊，方云龙，等. 自由贸易试验区设立提高了金融服务实体经济效率吗？：来自沪津粤闽四大自贸区的经验证据 [J]. 世界经济研究，2021，334（12）：3-21.
⑥ 康继军，郑维伟. 中国内陆型自贸区的贸易创造效应：扩大进口还是刺激出口 [J]. 国际贸易问题，2021，458（2）：16-31.
⑦ 司春晓，孙诗怡，罗长远. 自贸区的外资创造和外资转移效应：基于倾向得分匹配-双重差分法（PSM-DID）的研究 [J]. 世界经济研究，2021，327（5）：9-23.
⑧ 宋丽颖，郭敏. 自贸区政策对地方财力的影响研究：基于双重差分法和合成控制法的分析 [J]. 经济问题探索，2019，448（11）：14-24.

同开放水平①。

四、研究思路与分析框架

(一) 研究思路

本研究紧密围绕京津冀三地自由贸易试验区联动发展这一主题,重点探究如何在贸易便利化、投资便利化、要素流动一体化、产业链与创新链及供应链融合、创新生态营造、政策共用、产业共建、信息共享、案件通办等重点领域实现跨区域的联动发展,通过查阅文献资料总结分析国内外自由贸易试验区实现跨区域联动发展的具体机制与运行模式,为推动京津冀三地自由贸易试验区的联动发展提供路径参考。同时,通过梳理国内外自由贸易试验区在联动发展实践过程中各领域面临的问题,以及各自由贸易试验区之间在解决联动发展难点问题时采取的具体举措,为京津冀三地自由贸易试验区的联动发展提前标识好潜在的困难与挑战。最后,在借鉴跨区域自由贸易试验区联动他山之石成熟经验基础上,基于问题导向提出具体的对策与建议。

本研究围绕以下几个主要问题展开:

在理论分析层面,首先回答"为何开展京津冀三地自由贸易试验区联动发展?"这一问题,这是本研究的出发点;其次探究"京津冀三地自由贸易试验区联动发展需要在哪些重点领域发力?",系统阐述自由贸易试验区之间的联动发展亟须破解的关键领域及重要环节的难题,为本研究奠定理论基础。

在现状分析层面,由于推动京津冀三地自由贸易试验区联动发展处于规划论证阶段,还未进入具体的推动落实阶段,因此,重点分析《京津冀自贸试验区三方战略合作框架协议》中涉及的重点领域是否开展了相应的前期准备工作,以及三地自由贸易试验区出台的规划文件中哪些涉及三地自由贸易试验区联动发展。

在问题分析层面,重点探究哪些因素阻碍三地自由贸易试验区联动发展,如自由贸易试验区原有运行机制模式中的哪些环节对三地自由贸易试验区联动

---

① 刘秉镰,边杨. 自贸区设立与区域协同开放:以京津冀为例 [J]. 河北经贸大学学报, 2019, 40 (1): 90-101.

发展存在着内在制约。在明确三地自由贸易试验区联动发展可能面临问题的基础上，探究在协调解决这些具体问题的过程中又会面临哪些现实挑战。在对问题产生的根源进行深入分析之后，从对策与建议的角度针对性地提出有效破解三地自由贸易试验区联动发展难题的具体路径，这是本研究的落脚点。

（二）分析框架

本研究共由七个部分组成：第一部分为研究意义、研究背景与研究思路，对京津冀三地自由贸易试验区联动发展的提出和实施背景进行论述，同时确定研究思路；第二部分为理论分析，从京津冀三地自由贸易试验区联动发展的概念、目的、方式等角度对相关文献进行梳理总结，并落实到京津冀三地自由贸易试验区的空间范围内来分析京津冀三地自由贸易试验区联动发展的具体模式；第三部分对京津冀三地自由贸易试验区联动发展的现状进行研究，具体从三地自由贸易试验区规划设计的层面进行深入分析；第四部分为问题分析，具体分析京津冀三地自由贸易试验区联动发展面临的现实障碍；第五部分为他山之石，重点对比分析国内外自由贸易试验区联动发展的成熟经验与模式；第六部分为国际贸易规则借鉴；第七部分为对策与建议。

第二章　理论分析

一、自由贸易试验区的发展历程

自由贸易试验区主要通过制度创新，推动加快转变政府职能和行政体制改革，探索国际经贸合作的新机制与新模式，构建与各国合作发展的新平台，实现货物、资金、人才、信息、技术的自由流动，进一步畅通外循环通道，打通内循环关键性机制性堵点，助力构建"国内国际双循环新发展格局"，进而形成可复制、可推广的经验，服务全国自由贸易试验区的发展。

自由贸易试验区在推动货物、资本和人才自由流动方面发挥着重要作用。一是自由贸易试验区具有商品集散中心的作用，能够扩大国家和地区的出口贸易和转口贸易，从而使得国家和地区在全球贸易中的能级和地位有所提高，增加外汇收入。例如，香港自由贸易港经济政策体系中的完全不干预政策指出，除了对极少数本地法律所明确限制的领域和行为及某些极为敏感和重要的经济活动进行严格控制外，香港自由贸易港可依据自由贸易制度、自由企业制度、金融自由制度、自由出入境制度在自由贸易港范围内享有高度的自由，经济活动几乎不受政府干预；川渝自由贸易试验区协同开放示范区以陕西、广西、湖北等铁路口岸为基础，凭借成都国际铁路港和重庆国际枢纽物流园等物流新通道的优势，共同打造国际货运集散效率提升平台及中欧班列集结中心，培育打造开放型经济发展的新增长点。二是自由贸易试验区具有国际投资中心的作用，拥有高度开放和自由的金融市场，在自由贸易试验区内可以充分利用税收、外汇使用等优惠政策达到吸引外资的目的，增加与其他国家和地区的交流。例如，香港自由贸易港实施的自由金融制度体现在资本市场完全开放、对外融资自由、实行自由汇兑制度、本地资金和境外资金可以自由进出等方面。又如，开曼群岛是世界著名的离岸金融中心，机构在此注册成本不高，没有直接税，没有外汇管制，便于开展资本运作和国际业务，上市审批相对宽松，离岸经营配套业务相对完善。三是自由贸易试验区具有吸引、汇聚人才的作用。例如：上海临港新片区全面推进"海内外人才开展国际协同创新的重要基地"建设，重点在人才政策、激励体系、发展平台、配套服务等方面进行大胆创新探索，在人力资源服务机构等人才服务主体的引进、发展、品牌建设、创新等各个发展阶段均有相关激励政策，实施自由便利的国际人才管理；广西自由贸易试验区对于能够引进高精尖人才的机构给予相应的中介费补助。

为了全面深化改革和扩大开放，探索新途径，积累新经验，我国自由贸易试验区建设随着我国改革开放不断深入而稳步推进，能够进一步巩固我国作为世界经济增长重要引擎的地位。自由贸易港是开放水平最高的特殊经济功能区，但在我国正在执行的特殊政策区体系中，自由贸易试验区是对外开放程度最高的特殊区域。

保税区，又称保税仓库区，是我国海关设置的或经过海关批准而划出的一块特殊监管区域，具有对外贸易与转口贸易、出口加工和仓储物流三大功能，属于自由贸易试验区的雏形阶段，在我国自由贸易试验区未成立之前，保税区是国内政策最优惠、开放程度最高、运行机制最便捷的区域之一。我国内地于 1990 年正式成立第一个保税区，即上海外高桥保税区，结合当时政策和上海外高桥保税区发展特点，上海外高桥保税区被赋予保税仓库、国际贸易、出口加工和商品展示四大经济功能，享有"免证、免税、保税"政策。截至 1996 年，我国已经逐步设立 15 个保税区，但随后未再增设。保税区和自由贸易试验区存在管理理念、管理方式、作用与功能、涉及范围、存储时限等诸多方面的不同，具体见表 2-1。

表 2-1　保税区与自由贸易试验区的差异

	保税区	自由贸易试验区
管理理念	实行商品管理	实行企业管理
管理方式	在海关的特殊监管区域，货物不必缴纳进口关税，采取账册管理	在其管辖范围内，采取门岗管理，相较于保税区运行手续更为简化，交易成本更低

续表

	保税区	自由贸易试验区
作用与功能	具有中转存放的作用，若要进入关境则需缴纳关税，作用功能单一，经济带动作用相对较弱	商品集散中心、国际投资中心、国际物流中心
涉及范围	范围较小	范围较大，有可能包含多个保税区和非保税区
存储时限	存储无时限	存储有时限

资料来源：整理相关资料所得。

到了保税港区、综合保税区阶段，保税港区和综合保税区对海关特殊监管区域进行了功能与区域整合。保税港区与保税区的功能较为相似，享受覆盖海关特殊监管区域的税收、外汇管理优惠政策，但保税港区在保税区的基础上增设了码头和港口的功能，在区位、功能和政策上优势更明显。我国第一个保税港区——上海洋山港保税港区于 2005 年 6 月 22 日经国务院批准设立，对于充分发挥洋山港区的功能作用和区位优势，以及发展国际中转、配送和出口加工等业务具有重要意义。随后我国在天津、大连、宁波、钦州、青岛、张家港、烟台、福州、深圳、广州、厦门等沿海开放城市和重庆等内陆城市陆续建立了一批保税港区，它们成为沟通国际、国内两个市场的重要桥梁。综合保税区是保税区、出口加工区、保税物流园区和保税港区四类园区的整合体。在内陆地区设立综合保税区，所享受政策与保税港区相同，其开放程度和政策优惠有所提升，功能更加齐全，区位优势明显。在自由贸易试验区设立之前，综合保税区是中国开放程度最高的区域，为自由贸易试验区的设立打下坚实的基础。

再到自由贸易试验区阶段，自由贸易试验区多以综合保税区为依托，重点突出"试验"的性质，以区内小范围试点的方式，形成一批可复制、可推广的新模式和新经验。为更好地应对国际投资贸易规则变化和适应国内经济新常态，我国主要通过制度创新来倒逼改革。中国（上海）自由贸易试验区于 2013 年设立，承担制度创新的核心任务，建设以投资贸易自由便利、金融服务完善、监管服务优质高效、法治环境规范为主要内容的制度创新体系。至此，自由贸易试验区不再是简单的对外开放优惠政策输出的洼地，而呈现出集综合改革区、压力测试区和政府治理先行区的"三区一体"发展格局。2014 年，我国在充分积累中国（上海）自由贸易试验区的成功经验基础上，设立了中国（广东）自由贸易试验区、中国（天津）自由贸易试验区、中国（福建）自由贸易试验区；2016 年，又在辽宁、浙江、河南、湖北、重庆、四川和陕西设立了共 7 个自由贸易试验区；2018 年，开始建设中国（海南）自由贸易试验区；2019 年，设立中国（山东）自由贸易试验区、中国（云南）自由贸易试验区、中国（广西）自由贸易试验区、中国（河北）自由贸易试验区、中国（江苏）自由贸易试验区、中国（黑龙江）自由贸易试验区；2020 年，自由贸易试验区"扩群"，在北京、湖南、安徽新增 3 个自由贸易试验区。目前，我国已设立 21 个自由贸易试验区，逐步形成"1+3+7+1+6+3"的基本格局，并形成覆盖东西南北中的"多点开花"的试点格局。此外，我国为了突破单一自由贸易试验区发展的局限，推进贸易便利化、投资便利化水平的进一步提升，正在尝试由单一自由贸易试验区发展向自由贸易试验区之间跨区域联动发展过渡。

自由贸易港是自由贸易试验区的未来发展趋势，是最高标准的自由贸易试验区。它是指设立在国家或地区境内关外，人员、货物和资金不受限制地自由出入，且大部分过往商品免征关税的特殊监管区域。由自由贸易试验区向自由贸易港转变并不是简单的升级，而是要建立全球开放水平最高、政策最优惠的特殊经济功能区。从定位、对标、范围、功能、作用、特征等六个维度来看，自由贸易港在开放程度上要优于自由贸易试验区，具体见表 2-2。但我国自由贸易试验区及自由贸易港发展尚处于初级探索阶段，直至 2020 年，海南自由贸易试验区才正式升级为中国首个自由贸易港，对此党的二十大报告明确指出要加快建设海南自由贸易港，实施自由贸易试验区提升战略，扩大面向全球的高标准自由贸易试验区网络。上海、广东、浙江等地区已经启动了相关的调研工作。

表 2-2　自由贸易试验区与自由贸易港的区别

维度	自由贸易试验区	自由贸易港
定位	以制度创新为核心，全面深化改革和扩大开放的试验田	具有强大贸易功能的新载体，全球开放水平最高的特殊经济功能区，我国全面开放的新高地
对标	对标国际先进制度、国际高标准的投资贸易规则体系	对标国际典型的自由港，提升国际贸易能级，采用国际最高开放标准

续表

维度	自由贸易试验区	自由贸易港
范围	海关特殊监管区和非海关特殊监管区	属于海关特殊监管区，由城市港口（空港、海港）和自由贸易园区组合而成
功能	在海关特殊监管区主要开展保税加工、保税物流、保税服务等业务；在非海关特殊监管区主要探索投资体制改革，完善事项监管，促进金融制度创新，重点发展高端制造业与现代服务业	形成集保税、贸易、加工、转口贸易、金融服务等诸多功能于一体的产业群，推动自由贸易港功能综合发展，实现港口功能向离岸贸易、转口贸易及各类服务功能全面发展
作用	探索可复制、可推广的体制机制创新，形成一批可复制、可推广的新模式和新经验，促进全国范围的改革深化、开放扩大	在税收、金融、市场准入等多方面作出一系列特殊政策安排与统筹，构建更加便利和自由的投资、金融和人才流动的政策环境
特征	一线（国境线）放开，二线（和非自贸区的连接线）管住	一线（国境线）完全放开，二线（和非自由贸易港的连接线）安全高效管住、区内自由

资料来源：整理相关资料所得。

二、自由贸易试验区联动发展的内涵

自由贸易试验区联动发展是为满足我国现阶段发展需求的一种发展方式，其作用一方面表现为能够支撑我国在新的国际贸易规则博弈中提升对外开放水平和取得话语权①，另一方面表现为能够缓解区域发展矛盾，助力深入推进区域协调发展战略，更好地发挥集聚优势，打造新的区域经济增长高地②。自由贸易试验跨区域联动发展是自由贸易试验区在步入改革开放"深水区"过程中的积极探索，也是顺应深层次制度创新需求的自然产物。由于我国自由贸易试验区设立时间不一致，经济发展程度存在差异，跨区域联动能够在更大范围内实现统筹发展和制度创新，也能够加速不同自由贸易试验区的制度创新经验交流和成果运用，打造联动改革、联动开放、联动创新的发展高地（自由贸易试验区联动的主要目的）。因为自由贸易试验区联动发展是一个新的概念，涉及

———————

① 王韦雯. 沪苏自由贸易试验区联动机制对无锡金融服务发展的启示 [J]. 合作经济与科技，2022，683（12）：74-76.

② 丁珊，徐元国. 自由贸易试验区和长三角一体化协同发展初探 [J]. 全国流通经济，2020，2252（20）：100-102.

面较广，目前学术界尚未形成关于自由贸易试验区联动发展概念的统一认识。

从区域经济发展战略的视角来看，通过自由贸易试验区联动发展的协同管理，协调各自由贸易试验区之间的资源配置、要素与产业的流动，发挥各自由贸易试验区的比较优势，使其协同运转，从而产生催化区域经济发展和自由贸易试验区发展的协同效应，是自由贸易试验区联动发展的关键驱动力。自由贸易试验区联动发展的关键在于确保流通层、融合层、环境层三个领域的跨区域有效耦合（见图 2-1）。

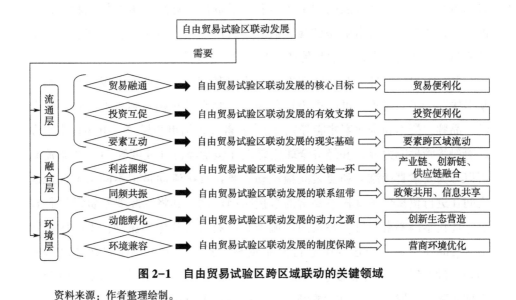

图 2-1 自由贸易试验区跨区域联动的关键领域

资料来源：作者整理绘制。

其一，实现自由贸易试验区联动发展的核心目标——贸易便利化。关于什么是贸易便利化，目前尚未形成统一的定义。从狭义上看，贸易便利化是货物、服务在流通环节产生的额外支出，主要聚焦于物流运输环节，简化物流程序、减少通关手续、缩短物流时间；从广义上看，其还包括在支持环节、外部环境等多个方面产生的额外支出与交易成本，如海关效率、海关管理、基础设施等方面。在自由贸易试验区联动发展的背景下，各地自由贸易试验区如何从追求"个体贸易便利度最优"转向追求"整体贸易便利度最优"，是自由贸易试验区在提升贸易便利化联动方面的核心目标。

其二，自由贸易试验区联动发展的有效支撑——投资便利化。亚太经合组织（APEC）在《投资便利化行动计划》中提出，投资便利化是指政府采取一系列可以吸引外商直接投资，提升企业投资效率，使管理有效性达到最大化的举措。经济合作与发展组织（OECD）指出，投资环境会随着投资便利化水平的提高而变得更加透明、公开、高效，具有可预见性，可以通过协调与简化投资过程中的程序来提升投资便利化水平。投资管理体制是影响投资便利化的关键因素，对外商投资审核的速度与效率具有重要影响。简化前置性投资审批程序，强化事中事后监管制度建设，在提高政府的行政效率、减少企业的投资经营成本、吸引外商投资方面具有重要影响。从投资便利化与自由贸易试验区联动发展的理论逻辑看，投资便利化是自由贸易试验区建设的核心任务之一，自由贸易试验区通过促进产业与投资互动，能够进一步催化各自的产业集聚力，产生和传递"1+1>2"的效果。

其三，自由贸易试验区联动发展的现实基础——要素跨区域流动。基于新型国际分工的视角，可以将要素分为传统要素（包括自然资源、技术、劳动、品牌、资本和企业家才能等）、经济要素（包括市场规模、市场化水平和政府经济管理能力等）和经济全球化要素（包括经济开放度等）[1]。要素流动可以分为要素直接流动和要素间接流动。要素直接流动是指不同国家或地区之间在进行贸易合作过程中要素的直接跨国流动，其将国际要素资源进行整合，优化本国要素配置。要素间接流动是以商品为载体的流动，不同国家或地区之间在贸易合作过程中进行商品贸易，要素含量主要体现在商品贸易（货物和服务贸易）中。从世界经济发展的历程和规律来看，自由贸易试验区实现要素跨区域自由流动需要经历四个阶段：第一阶段，要素尚未实现跨区域流动，各自由贸易试验区处于封闭状态；第二阶段，要素可以商品为载体进行间接流动，但未实现直接流动，即进行商品贸易；第三阶段，要素既可以进行间接流动，也可以进行直接流动，体现出自由贸易试验区联动发展的本质；第四阶段，伴随自由贸易试验区联动发展的不断深入，经济边界进一步放开，要素直接流动会超过要素间接流动成为主要流动方式。从要素流动与自由贸易试验区联动发展的理论逻辑看，要素可以直接和间接流动，体现了区域联动发展的本质。以大型企业跨区域直接投资为载体，带动资本、技术、人才、专利和企业家才能等要素流动，是自由贸易试验区联动发展持续推进的核心驱动力。

---

① 张幼文，薛安伟. 要素流动对世界经济增长的影响机理 [J]. 世界经济研究，2013（2）：6.

其四，自由贸易试验区联动发展的关键一环——产业链、创新链、供应链融合。关于产业链、创新链、供应链融合的具体内涵，学界尚未形成统一的认识，大多从其表现关系来论述。黄群慧等认为，理解三者的关系要从价值链出发，价值链决定了产业链和供应链[①]。刘志彪提出，自主可控是产业链、创新链、供应链联动的主要表现形式，主要包括六个方面，即产业创新性、产业安全可控性、产业间联系的紧固性、区域间产业的协同性、产业组织的灵敏性和柔性以及产业链治理的现代化[②]。从产业链、创新链、供应链联动与自由贸易试验区联动发展的理论逻辑看，在经历"0~1""1~100"两个创新阶段后，在"100~100万"阶段创新成果将转化为大规模生产能力。这一过程既要有大规模生产基地，也要通过产业链与供应链水平整合、垂直整合形成具有国际竞争力的产业集群。自由贸易试验区基于自身能够同时对接国内、国际两大市场的优势，将成为这一市场行为的重要承载平台。推动产业链、创新链、供应链的联动发展，能够促进各自由贸易试验区形成更为紧密的物质联系，是进一步提升自由贸易试验区联动发展水平的基础。

其五，自由贸易试验区联动发展的联系纽带——政策共用、信息共享。自由贸易试验区联动发展面临的现实问题就是多主体参与导致标准不统一、机制不兼容而无法深入开展合作，结合国内外多主体联动发展的经验看，出现对接不畅的领域主要集中在政策、产业、信息以及合作机制四个方面。在政策共用方面，各自由贸易试验区立足战略定位和自身优势，承担着不同的试点任务，被差异化赋权，政策共用缺乏制度性安排；在产业共建方面，各自由贸易试验区产业同构性突出，缺乏梯度性、互补性，由政府主导的常态化的产业技术交流渠道不足；在信息共享方面，为保持自身的竞争优势，各自由贸易试验区的贸易与投资等数据多呈现"蜂巢式"格局；在合作机制共建方面，由于多数自由贸易试验区在某一具体领域并不具有同等的市场地位或政策优势，合作机制不畅通已经成为"痼疾"。政策共用、产业共建、信息共享、合作机制共建成为推进自由贸易试验区联动发展的重要基础。

其六，自由贸易试验区联动发展的动力之源——创新生态营造。一般认为，创新生态系统通过多个功能各异子系统持续的互动交流，包括但不限于

---

① 黄群慧，倪红福. 基于价值链理论的产业基础能力与产业链水平提升研究 [J]. 经济体制改革，2020，224（5）：11-21.

② 刘志彪. 增强产业链供应链自主可控能力 [N]. 经济参考报，2021-01-05（1）.

企业、大学、研究机构等创新机构，以及政府、中介等创新服务机构，能够形成一个有利于创新的环境，由此促进创新活动持续健康发展①。在创新生态子系统的构成方面，有学者将创新生态系统的结构划分为文化氛围、创业精神、基础设施、资金、发明、需求和政府治理7个部分②。从创新生态与自由贸易试验区联动发展的理论逻辑看，哪里的创新生态好，哪里的发展活力和发展后劲就更强。各自由贸易试验区基于联合营造一体化的创新生态，能够为自由贸易试验区的创新联动提供正向积极的创新发展良好环境。

其七，自由贸易试验区联动发展的制度保障——营商环境优化。良好的营商环境建设，既是自由贸易试验区建设要达成的目标，也是助推自由贸易试验区联动发展的动力。在自由贸易试验区联动发展的过程中，政府"同事同标"是营商环境一体化建设的重点。政府"同事同标"指的是企业或其他市场主体无论在哪个自由贸易试验区内，就某一具体事项都能够享受同等的待遇和标准，是"跨区通办"治理理念在自由贸易试验区层面的深刻体现。此举能够有效解决各自由贸易试验区之间就某一事项的管理标准不统一而使得要素流动、贸易联系、产业协同等方面出现滞缓的问题，是营造一体化营商环境的重要行政措施，也是自由贸易试验区联动发展的主要趋势。

三、自由贸易试验区联动发展的目的

随着我国改革开放的不断深入以及持续推进更高水平对外开放的需求逐渐迫切，自由贸易试验区应运而生。从发展历程看，我国自由贸易试验区大致可以分为4个版本：1.0版本是以仓储与加工为主的保税区、出口加工区，具有对外贸易与转口贸易、出口加工和仓储物流三大功能；2.0版本是实施区港联动的保税物流园区，在区位、功能和政策上比保税区优势更明显；3.0版本是对保税区和保税物流园区的功能整合与政策叠加后的产物，其开放程度和政策优惠有所提升，功能更加齐全，区位优势明显；与前三者主要承担发展开放型经济，注重商品、要素流动性不同，自由贸易试验区对标国际先进经贸规则，是规则、制度型开放的试验田，属于4.0版本。从发展现状上看，

①　杜德斌. 破解创新密码［N］. 文汇报，2012-11-21（1）.

②　DE MOURA H T，ADLER I K. The ecology of innovation and the role of strategic design［J］. Strategic design research journal，2011，4（3）：112-117.

同时注重对外开放和对内协同合作的自由贸易试验区联动发展可以视为在自由贸易试验区基础上的升级版。针对注重对内协同合作这一特性，自由贸易试验区联动发展的主要目标主要有以下几个方面：

其一，打造制度高地，营造一流营商环境。开放是促进自由贸易试验区发展、实现国家繁荣昌盛发展的重要路径，制度创新是推动自由贸易试验区联动发展、实现经济高质量发展的内生动力，自由贸易试验区建设的核心就是制度创新。过去，我国吸引资本流入主要依赖传统的土地、税收等政策优惠，但从长期来看，传统的土地、税收等政策优惠只能起到短暂的作用，核心竞争力不足、要素流动效率低下等问题层出不穷。自由贸易试验区联动发展是我国制度型开放的全新尝试，制度型开放的转变是实现要素优化配置的重要举措，由政策优惠转向体制规范是必由之路。在自由贸易试验区联动发展的背景下，各自由贸易试验区建设不应出现特殊性的税收竞争，需要转变发展思路，对标高水平贸易投资规则，积极开展营商环境绩效考核，降低彼此之间制度性交易成本，这是促使自由贸易试验区联盟全面深入融入全球化、参与国际竞争的需要。京津冀三地自由贸易试验区联动发展的目标之一就是打造具有国内一流营商环境和重要国际影响力的贸易合作示范区。

其二，扩大辐射效应，协调区域发展。自由贸易试验区是我国正在推进的新一轮高水平开放进程中贸易投资便利化程度最高、对外开放程度最高的试验田，其能够引领现代产业高质量发展，打造高附加值的高端制造业、战略性新兴产业和现代服务业产业集群，并能够充分发挥制度创新外溢效应，成为拉动各地经济增长的新增长极。自由贸易试验区联动发展能够进一步发挥其带动性和辐射作用，有效衔接起内部价值链和区外价值链，形成"1+1>2"的累积叠加效应。在联动发展过程中，复制推广各自由贸易试验区的成熟经验，向外形成多点辐射，以便获得强有力的腹地支持，打造自由贸易试验区与其他开放载体有层次的梯度开放格局，发挥区域联动作用和产业协同效能，释放自由贸易试验区制度红利，打造具有重要影响力的科技创新策源地和丰富多彩的场景新高地。京津冀三地自由贸易试验区联动发展的目标之一就是形成京津冀自由贸易试验区走廊，以核心片区作为枢纽辐射带动周边片区高质量协调发展。

其三，形成错位发展，增强整体效应。我国自由贸易试验区不断扩容，其目的是通过在更深层次、更大范围、更广领域实行差别化、集成化试点，进行对比和互补试验，以更高水平的对外开放制度打造全面开放的新格局。各自由贸易试验区为更好地发挥改革排头兵的示范引领作用，正积极对标高标准国际经贸规则，力求在贸易便利化、投资便利化、要素流通一体化、产业链与创新链及供应链融合、创新生态营造、政策共用、产业共建、信息共享和政府服务"同事同标"等方面找准各自的优势与定位，避免模仿趋同带来的同质化过度竞争。在这一过程中，一方面在自由贸易试验区联动发展层面，注重在可复制、可推广的制度上先行先试；另一方面在各自由贸易试验区特色发展层面，以更大的改革自主权，注重在不可复制、不可推广的制度上持续深化差别化、首创性探索，充分发挥自身特色与优势，实施有突破性的创新举措。自由贸易试验区联动发展既要开展联动创新，探索系统性改革创新，也要突出自身特色优势，更要提高政策之间的系统集成和政策合力，以扩大整体效应。京津冀三地自由贸易试验区联动发展的目标之一就是发挥自由贸易试验区的制度探索优势，为京津冀三地各领域协同乃至京津冀协同的难点领域摸索可复制、可推广的成熟经验。

四、自由贸易试验区联动发展的特征

自由贸易试验区联动发展与一般意义上的自由贸易试验区发展具有显著的差异，其核心在于涉及的行政主体由一个扩展到两个或者以上，由此使得整个系统分析起来更加复杂。基于此，为了把握自由贸易试验区联动发展与一般意义上自由贸易试验区发展的差异，下面将通过对比分析长三角自由贸易试验区联盟、粤港澳自由贸易试验区、川渝自由贸易试验区协同开放示范区和黄河流域自由贸易试验区联盟等我国探索自由贸易试验区联动发展的典型区域在宏观视角上的战略定位差异、发展目标差异和功能划分差异，准确把握自由贸易试验区联动发展的特征以及京津冀三地自由贸易试验区联动发展的角色定位。

(一) 战略定位

无论是自由贸易试验区单一发展还是自由贸易试验区联动发展，制度创新始终是其发展的核心内容，都肩负总结可复制、可推广经验的重任，但自由贸易试验区联动发展更注重提升在更广空间范围内的辐射作用，更侧重最大限度地挖掘发挥各自由贸易试验区的比较优势，促进各自由贸易试验区的深度合作和优势互补，释放自由贸易试验区的协同效应。例如，长三角自由贸易试验区联盟推进处指出，应最大限度地发挥各地自由贸易试验区的特色优势，推动资源共建共享，为长三角自由贸易试验区联盟的企业提供全生命周期系统集成化服务，促进长三角一体化高质量发展，形成推进国家战略的合力；粤港澳自由贸易试验区联动发展是新形势下全面深化改革、扩大开放和促进内地与港澳深度合作的重大举措，依托港澳、服务内地、面向世界，将自由贸易试验区建设成为粤港澳深度合作示范区；川渝自由贸易试验区协同开放示范区是首个跨省域合作自由贸易试验区，其设立旨在发挥该区域范围内各自由贸易试验区的特色与优势。具体战略定位见表2-3。

表2-3 跨区域联动自由贸易试验区战略定位

自由贸易试验区	战略定位
长三角自由贸易试验区联盟	努力打造制度创新试验田，推进国家战略的实施；营造投资贸易自由化、便利化的营商环境，激发市场主体的活力；通过更好地发挥各个自由贸易试验区的特色优势，促进长三角地区的一体化高质量发展
粤港澳自由贸易试验区	依托港澳、服务内地、面向世界，努力建设粤港澳深度合作示范区、21世纪海上丝绸之路重要枢纽和全国新一轮改革开放先行地
川渝自由贸易试验区协同开放示范区	积极推进政策创新，加快构建制度型开放体系，创造国际化、市场化、法治化营商环境，打造国际竞争合作新优势，建设川渝自由贸易试验区协同开放示范区

资料来源：整理相关资料所得。

（二）发展目标

自由贸易试验区作为我国新时代深化改革开放的试验田，在制度型开放进程中发挥着龙头和示范作用。无论是自由贸易试验区单一发展还是自由贸易试验区联动发展，都将投资贸易自由便利、金融一体化、监管服务优质高效作为发展目标。相比之下，自由贸易试验区联动发展更注重提升自由贸易试验区的辐射带动作用，强调差异化协同发展。长三角自由贸易试验区联盟、粤港澳自由贸易试验区和川渝自由贸易试验区协同开放示范区作为我国较早开展区域间合作的自由贸易试验区，更加注重探索深化改革与扩大开放的新路径，积累新经验，发挥示范带动作用。除此之外，长三角自由贸易试验区联盟和川渝自由贸易试验区协同开放示范区还强调以各地优势为基础，打造高端产业集聚的自由贸易试验区环境。京津冀三地自由贸易试验区联动发展的目标是以制度创新为核心，一地创新、三地互认，打造协同创新高地和开放先行区，以及京津冀协同发展高水平对外开放新平台。在这个探索过程中期望上级部门赋予三地自由贸易试验区更大的改革自主权，以深入开展差别化探索。各自由贸易试验区发展目标见表2-4。

表2-4　各自由贸易试验区发展目标

自由贸易试验区	发展目标
长三角自由贸易试验区联盟	建设成为投资贸易自由便利、金融服务完善、高端产业集聚优势显著、监管服务优质高效、辐射带动作用突出、法治环境规范的高标准高质量自由贸易试验园区
粤港澳自由贸易试验区	力争建成符合国际高标准的法治环境规范、投资贸易便利、辐射带动功能突出、监管安全高效的自由贸易园区
川渝自由贸易试验区协同开放示范区	建立与国际先进经贸规则接轨的制度型开放体系，建设成为经济要素循环畅通、投资贸易便利、产业集群优势显著、监管安全高效、区域协调发展、辐射带动作用突出的新时代改革开放新高地

资料来源：整理相关资料所得。

（三）功能划分

对于单一自由贸易试验区的功能划分，国家根据各自由贸易试验区的特点进行了针对性部署；自由贸易试验区联动发展的情况下，要对其内部各合作主体的功能进行划分，但各自由贸易试验区功能侧重点有所不同。单一自由贸易试验区的功能划分强调特色发展；自由贸易试验区联动发展更注重整合各自由贸易试验区优势资源，放大整体效应。长三角自由贸易试验区联盟、粤港澳自由贸易试验区和川渝自由贸易试验区协同开放示范区基于各自由贸易试验区的功能优势，整合以后都具有货物贸易功能、运输功能和金融功能，充分发挥了整体效应。除此之外，长三角自由贸易试验区联盟更加侧重数字经济功能和创新功能，粤港澳自由贸易试验区更加侧重高端产业功能和旅游功能，川渝自由贸易试验区协同开放示范区更加侧重运输功能和创新功能。各自由贸易试验区功能划分见表2-5。

表2-5　各自由贸易试验区功能划分

自由贸易试验区	功能划分
长三角自由贸易试验区联盟	上海自由贸易试验区要继续发挥好龙头作用，以高水平制度创新辐射引领和推动自由贸易试验区协同联动发展，打造联动长三角、服务全国、辐射亚太的进出口商品集散地； 浙江自由贸易试验区要加大物联网、工业互联网、人工智能等新型基础设施建设力度，打造数字经济发展示范区，构建长三角港口群跨港区供油体系，合力打造东北亚保税燃料油加注中心； 江苏自由贸易试验区要创新全链条综合金融服务体系，探索"自由贸易试验区+海事服务"的模式，发挥自由贸易试验区率先突破、示范引领作用； 安徽自由贸易试验区要在优化整合长三角区域的科技力量等方面有所作为，建设科技创新策源地，加快推进先进制造业和战略性新兴产业的集聚发展
粤港澳自由贸易试验区	广州南沙新区片区重点发展航运物流、特色金融、国际商贸、高端制造等产业，建设以生产性服务业为主导的现代产业新高地和具有世界先进水平的综合服务枢纽； 深圳前海蛇口片区重点发展金融、现代物流、信息服务、科技服务等战略性新兴服务业，建设我国金融业对外开放试验示范窗口、世界服务贸易重要基地和国际性枢纽港； 珠海横琴新区片区重点发展旅游休闲健康、商务金融服务、文化科教和高新技术等产业，建设文化教育开放先导区和国际商务服务休闲旅游基地，打造促进澳门经济适度多元发展的新载体
川渝自由贸易试验区协同开放示范区	重庆高新区与成都高新区共建具有全国影响力的科技创新中心； 重庆两路寸滩保税港区与成都高新综合保税区共同研究推进创新保税维修业务监管工作，与双流综合保税区推动成渝国际航空枢纽、海关特殊监管区域合作，共建国际航空枢纽的大通道； 两江新区与天府新区深化国家级新区、自由贸易试验区一体化合作； 青白江铁路港与万州港、重庆国际物流枢纽园区共建共享西部陆海新通道，统筹打造中欧班列（成渝）品牌； 泸州港与果园港、江津港协同开展内河航运、口岸贸易合作，复制推广重庆自由贸易试验区"跨部门一次性联合检查"等制度创新经验成果12项

资料来源：整理相关资料所得。

五、自由贸易试验区联动发展的理论基础

联动发展，是指以地理上邻近、彼此间关联、产业链互利互补的行政或经济区域为依托，依靠政府推动和市场导向，区域之间通过对接基础设施、集聚资源要素、加速产业集群发展等途径来达到区域间相互协同、相互促进、高效有序、一体运作的交互系统和发展模式。联动发展为区域经济整体实力的增强带来了合力，同时避免了资源浪费和重复建设。自由贸易试验区联动发展是顺应世界发展趋势与改革开放现实需求的产物，产业基础良好、地理区位邻近、管理体制完善和发展潜力较大的部分自由贸易试验区通过与其他自由贸易试验区经验复制、协同创新、联动试验、资源共享和差异化探索，形成产业联动、政策联动和创新联动的发展模式，能够为地方创新发展注入新活力，为自由贸易试验区改革创新拓展新空间，提升区域综合竞争力，并能将先行探索的成功经验复制到我国各自由贸易试验区之间"落地生根，开花结果"，为我国区域协调发展探索新路径。为适应我国国土面积大、人口分布广、资源环境禀赋差异大的客观事实，必须要在风险可控的前提下先试先行，以局部带动全局发展。长三角自由贸易试验区联盟、粤港澳自由贸易试验区和川渝自由贸易试验区协同开放示范区等跨区域联动自由贸易试验区总体方案明确要求，充分发挥各地自由贸易试验区的特色优势，协同发展，分工合作，以营造投资贸易自由化、便利化的营商环境为战略目标，以制度创新为核心，促进区域一体化高质量发展。因此，本研究梳理总结了自由贸易试验区联动发展的理论基础，即政策试验理论、制度创新理论和区域分工合作理论，能够为分析自由贸易试验区联动发展产生的客观必然性、表现形式和体制机制等提供理论依据。

（一）政策试验理论

我国庞大的国土面积和人口基数，叠加各类社会因素和历史因素等，决定了我国新颁布的政策不能像其他国家一样在全国范围内同时实行，若在政策实施过程中偏离了预期效果或最终结果与预期结果背道而驰，全国范围内的居民、企业、社会和经济都会受到影响，甚至会产生很难弥补的漏洞。因此，我国在革命、建设和改革的各个发展时期和实践阶段都会采取不同形式

的政策试验，以达到局部探索带动全局发展的目的。政策试验，也叫政策试点，是由我国基本国情以及中国特色社会主义政治制度体系决定的，是在治理实践中具有中国特色的一种政策测试与创新机制，具体包括立法试验、试点项目和试验区等多种实践形式，自由贸易试验区就是其中之一。从政策试验的内涵来看，狭义上讲，政策试验单指政策测试环节，即在特定的空间和时间范围内，为验证经政府制定、多方参与讨论后已经成型的大型公共政策方案的可行性以及预期结果而进行的政策试行活动；广义上讲，政策试验包括前期的政策生成环节、中期的政策测试环节以及后期的政策全面推广环节。政策生成环节是指在政策未成型时所进行的政策探索活动。政策生成环节相对成熟之后，政府会选择局部地区先行先试，并对其进行绩效评价，然后在总结创新有益经验的基础上完善形成更具整体性、普适性的政策，在更广泛的区域展开实施。

作为具有中国特色的一项治国理政策略和政策方法论工具，政策试验理论在中国具有较长的演进发展历程。政策试验最早可以追溯到 20 世纪 20 年代我国在农村地区开展的农村建设运动和土地革命时期，此后经历抗日战争时期、解放战争时期、新中国建设时期和改革开放时期等历史阶段的洗礼之后，政策试验被广泛应用于国家现代化进程中的各个改革领域，成为深深根植于中国政策的一种大规模的实践机制。在 20 世纪 20 年代，部分知识分子在地方政府的支持下，主持开展平民教育运动和乡村建设试验，但最终未从个别试验中提炼和总结出普遍性方案。在土地革命时期，中国共产党在井冈山、闽西等地开展不同方式的土地改革试点，为后来的土地政策积累了实践经验。此后，"典型示范""积极试点"成为一种有效的工作方式。在抗日战争时期，土地革命时期政策试验产生了显著的积极效应，因此被开始应用于生产运动、干部学习运动和党的整风运动等其他工作领域，1939 年 9 月开展的"实验县""实验区村"等试验工作已经初步形成了一套较为系统的实施方法，并逐渐走向精细化，与改革开放之后的政策试验有很紧密的关联性。在解放战争时期，中共中央面对无工作基础、群众基础薄弱的新的解放区域，采取了分阶段渐次开展土地改革的政策试验形式。在新中国建设时期，政策试验的应用数量不断增加、应用形式不断丰富，已经被广泛运用到治国理政的多个领域。中国共产党对政策试验的一般操作性流程和各种术语进行了系统的总结，包括政策试验的内涵、特征以及在政策制定和执行过程中发挥的作用等内容。在改革开放时期，设立经济特区、开发开放区、示范区、综合性改革试点区域等试点项目工作在以"摸着石头过河""先摸索后推广""改革开放是很大的试验"等为内核的思想的指导下有序推进。党的十四大报告指出，要积极探索，大胆试验，创造性地开展工作，不断研究新情况，总结新经验，解决新问题，在实践中丰富和发展马克思主义。党的十五大报告再次强调"大胆试验"的重要性。进入21世纪以来，政策试验方法在较为完备的基础上仍有不断创新，政策试验工作在各个改革领域稳步推进，"综合改革配套试验区"等试点项目意味着我国正向更深层次攻坚阶段迈进。

通过梳理政策试验理论在中国的演进发展历程可以发现，政策试验的内容始终围绕我国现实改革需求，从最初的方法单一、经验运作、选择范围较小逐渐演变为方法多样、规范运作、选择范围广的模式。以局部探索带动全局发展的政策试验模式是我国的独特治理模式，为自由贸易试验区联动发展奠定了坚实的基础。现阶段，自由贸易试验区联动发展旨在通过优先在产业基础良好、地理区位邻近、管理体制完善和发展潜力较大的部分自由贸易试验区先行先试，不同自由贸易试验区之间进行制度创新经验交流和成果运用，打造联动改革、联动开放、联动创新的发展高地，形成可复制、可推广的制度创新案例，最终为我国区域协调探索出一条新的发展路径，这是政策试验理论在我国的最新发展成果。更为独特的在于，"自由贸易试验区联动发展"政策试点项目是以"自由贸易试验区"政策试点项目为基础而开展的，创新性和风险性并存，若自由贸易试验区联动发展能取得丰硕成果，则是对政策试验理论的重大丰富与发展。

(二) 制度创新理论

1912年，美国哈佛大学教授熊彼特在《经济发展理论》一书中首次提出"创新理论"概念，并在《经济周期》与《资本主义、社会主义与民主》两部著作中对其进行运用与发展，奠定了其在经济思想发展史研究领域的独特地位。熊彼特提出，创新初期，与未开展创新的企业相比，最先开展创新的企业具有短暂的比较优势，可以享受到由创新成果带来的垄断利润红利。随着创新逐渐扩散，企业之间进行创新模仿竞争，率先开展创新的企业形成的成功经验不断被其他企业所复制，有效防止了某个企业因某一创新成果而形成持久垄断地位，也为某些企业能够进一步创新提供了技术支持和良好环境，使得社会整体福利持续改善。他所提出的"实现任何一种工业的新的组织"是制度创新理论的重要渊源。19 世纪 40 年代,以 F. 李斯特为代表的德国历史学派强调从实际出发,主张要突出经济生活中的国民性和历史发展阶段的特征。20 世纪初,以 T. 凡勃伦为代表的经济学家将研究方向聚焦在阶级制度与经济现象之间的关系,形成了制度经济学派,强调制度因素、法律因素、历史因素等非市场因素是影响社会经济生活的主要因素,尤其强调制度因素。T. 凡勃伦指出,经济活动并不是以任何客观的指标来衡量的,而是以人与人之间的关系作为研究起点的,要从制度的视角来研究经济问题,分析制度因素在社会经济发展中的作用。这为经济学拓展了新的发展空间。

制度创新理论是在创新理论和制度经济学的基础上融合发展而来的,美国经济学家道格拉斯·诺思和戴维斯于 1971 年提出制度创新理论,他们完整表述了制度创新的内涵及内容,并阐述了制度变革的原因和过程。当创新所带来的供需失衡使制度变化的预期收益超过预期成本时,制度创新就会产生。道格拉斯·诺思和戴维斯认为,制度表示一个社会的博弈规则,市场规模的逐渐扩大能够促进生产技术不断发展,使人们对现存制度的认识不断加深,因此潜在的获利机会更容易产生并被部分社会成员捕捉。但现有的制度会给实施创新的过程制造认识误区、厌恶风险和政治压力等制度障碍,这就导致部分社会成员为了获得潜在利益而清除制度障碍,从而实现对现有制度的变革,当采取措施后获得的潜在收益高于制度障碍所产生的成本时,就会产生一项新的制度安排。他们将制度创新过程归纳为以下五个阶段:第一阶段,"第一行动集团(支配制度创新过程的一个决策单位)"形成;第二阶段,"第一行动集团"提出制度创新方案;第三阶段,"第一行动集团"对过去所采取的制度创新方案以最大利润原则进行择优选择;第四阶段,"第二行动集团(帮助'第一行动集团'获得预期利润而创建的决策单位)"形成;第五阶段,"第一行动集团"与"第二行动集团"相互促进,实现制度创新,最终达到制度均衡,但会因为生产技术、社会政治环境、组织形式和经营管理方式等方面发生改变再次进入制度创新过程,最终达到新的制度均衡。

制度创新理论认为,相较于由个人来创新或个人之间自愿组成的合作团体来创新,由政府机构所主导的制度创新具有一定的优越性。自由贸易试验区联动发展具有政府机构主导创新所需要的伴有强制性措施、制度创新实施之后所获得的利益归于全体成员的特性,且这些特性完全符合我国的发展实际。因此，制度创新理论可以科学地指导我国京津冀三地的自由贸易试验区联动发展。自由贸易试验区在建立初期就带来了一系列的制度创新，逐渐成为我国经济高质量发展的新动力源泉。中国（上海）自由贸易试验区作为我国首个自由贸易试验区，共为全国贡献了 300 多项可复制推广的基础性和核心制度创新成果，如贸易领域的单一窗口、投资领域的外商投资准入的负面清单、金融创新领域的自由贸易账户、政府监管领域的"先照后证"和"证照分离"、产业领域的临港新地标国际数据港。我国先后部署设立的 21 个自由贸易试验区已经推出了一大批高水平制度创新成果。从自由贸易试验区联动发展来看，我国市场主体现存的部分痛点和难点问题难以通过单个自由贸易试验区的制度突破得以解决，如果通过自由贸易试验区联动发展，就区域内市场主体的共性问题共同发力，在制度方面产生创新的概率会有很大提高。

（三）区域分工合作理论

分工合作理论最初主要应用于国际分工与贸易方面，后被区域经济学家运用到区域分工与合作领域。古典经济学家针对对经济利益的具体形式和决定因素等问题的不同认识，提出了不同的理论观点，比较著名的理论有绝对优势理论、比较优势理论、要素禀赋理论与竞争优势理论。

绝对优势理论是由亚当·斯密于 1776 年在其著作《国富论》中提出的。亚当·斯密认为，分工可以提高劳动生产率，且任何区域之间都存在绝对成本的差异，若每个区域都按照自身绝对有利的优势进行分工，然后进行交换，就会提高区域生产率。绝对优势理论是比较优势理论的特例。比较优势理论是由大卫·李嘉图于 1817 年在其著作《政治经济学及赋税原理》中提出的。大卫·李嘉图认为，在生产要素不具有流动性的前提下，区域贸易的基础是生产技术的相对差异，而非绝对差异，各区域要在区域贸易中充分发挥自身的比较优势，假设 A 区域相较于 B 区域在各种商品生产上均处于绝对劣势，但 B 区域各种商品生产的优势程度不同，A 区域在优势较小的商品生产方面具有比较优势，B 区域在优势较大的商品生产方面具有比较优势，因此，A、B 两个区域可以通过"两利取重、两害取轻"来提升福利水平，多个区域相比亦是如此。要素禀赋理论在比较优势理论的基础上，将比较成本的差异归于要素禀赋的差异。要素禀赋理论，也叫 H-O 理论，是以赫克歇尔于 1919 年发表的论文《对外贸易对收入分配的影响》为基础，由伯蒂尔-俄林于 1933 年在其经典著作《区际贸易与国际贸易》中提出的。赫克歇尔和伯蒂尔-俄林认为，区域分工产生的原因是不同区域的生产要素禀赋不同，每个区域合理利用自身相对充足的生产要素进行生产活动，就会处于相对优势地位。和之前的理论相比，竞争优势理论的内涵更加丰富。竞争优势理论是由迈克尔·波特在其相继发表的经典著作三部曲中提出的，即 1980 年发表的《竞争战略》、1985 年发表的《竞争优势》、1990 年发表的《国家竞争优势》。迈克尔·波特以不完全竞争市场为理论前提，从企业的角度全面、动态论述国家或地区竞争力的来源，并在《国家竞争优势》一书中提出"钻石体系"的分析框架：一个国家或地区的竞争优势受机遇与政府两个外部因素，以及生产要素，相关和支撑产业，需求条件，公司的战略、组织及竞争等四个决定要素影响，六大因素相辅相成、相互作用，就构成了竞争优势"钻石模型"。

要推动自由贸易试验区联动发展，需要厘清各自由贸易试验区在贸易便利化、资本自由流动、要素跨区域流动（人才、金融、数据）、产业链与创新链及供应链融合、创新生态营造和政务服务合作等方面的绝对优势、相对优势、比较优势和要素禀赋等，才能明确各自由贸易试验区在自由贸易试验区联动发展中的功能与定位，形成各自由贸易试验区差异化探索，实现产业链、供应链、创新链协同发展。例如：长三角自由贸易试验区联盟内上海自由贸易试验区要充分发挥龙头作用，打造联动长三角的进出口商品集散地；浙江自由贸易试验区围绕油气，致力于打造新型国际贸易中心、大宗商品资源配置基地、数字经济发展示范区、先进制造业集聚区和国际航运与物流枢纽等 2.0 版本的"五大功能定位"区域；江苏自由贸易试验区精准定位自身优势，坚持"国内一流、国际公认"的自我追求，致力于打造实体经济创新发展和产业转型升级示范区、开放型经济发展先行区；安徽自由贸易试验区针对自身位居内陆的特点，致力于打造成为内陆开放新高地，聚焦推进科技金融创新、促进科技成果转化等方面，推动先进制造业和战略性新兴产业集聚发展、科技创新策源地建设。

第三章　现状分析

从全国来看，在川渝、粤港澳、长三角等跨区域自由贸易试验区联动发展过程中，各地自由贸易试验区首先构建互联互通、管理协同、安全高效的基础设施网络，并通过"跨省通办"等措施提升政务服务水平，打破边界政务公开和政务服务壁垒，推动市场主体更多参与，促进要素资源便捷流动，提升自由贸易试验区的内联外通水平。以此为基础，充分彰显"制度创新"的重要引领，结合自身特色与优势，合理分工，聚焦货物贸易便利化、营商环境建设、数据开放共享、科技协同创新服务、产业链与创新链及供应链共建等更深层次领域，分步推进，逐步拓展实施范围和试点政策范围，形成错位发展、优势互补的联动模式，推动"制度创新、信息共享、经验共创、模式共建"新格局的形成。

从京津冀来看，自中国（北京）自由贸易试验区成立之后，实现京津冀三地自由贸易试验区联动发展成为构建区域开放新格局的关键。为此，京津冀三地自由贸易试验区积极开展前期准备工作，为推动三地自由贸易试验区贸易便利化、投资便利化、要素流通一体化、产业链与创新链及供应链融合、创新生态营造、政策共用、产业共建、信息共享、政府服务"同事同标"等重点领域联动发展作出具体规划。2021年9月27日，三地共同签署的《京津冀自贸试验区三方战略合作框架协议》，为推动三地自由贸易试验区联动发展提供坚实基础。本部分将结合京津冀三地自由贸易试验区发展特色与其他跨区域自由贸易试验区建设的经验，从货物贸易便利化、资本自由流动、要素跨区域流动、产业协同共建、创新生态营造、政务服务合作六个方面，重点分析《京津冀自贸试验区三方战略合作框架协议》中涉及的重点领域是否开展了相应的前期准备工作，以及京津冀三地自由贸易试验区出台的规划文件中涉及三地自由贸易试验区联动发展规划的实施进展。

一、京津冀三地自由贸易试验区贸易便利化进展与成效

(一) 京津积极推动天津 "关港集疏港智慧平台" 建设及对接工作

"关港集疏港智慧平台" 发挥互联网平台的交互汇聚效应，将海关通关与港口装卸作业进行智慧融合，基于一流港口经济价值、社会价值和生态价值进行规划建设。天津海关以 "智慧海关、智能边境、智享联通" 倡议为引领，秉持 "规范化、标准化、信息化" 理念，不断提升智慧港口通关服务水平。截至 2022 年 4 月 25 日，该平台已认证司机 2 万名、车辆 1.9 万辆，辐射全国 29 个省、自治区、直辖市，累计开展集疏运业务量超过 100 万箱，其中，京津冀企业业务量位列平台前三位。同时，京津两地推进平台对接工作，2021 年，京津两地商务局就国际贸易 "单一窗口" 达成一致意见，共同推进京津国际贸易 "单一窗口" 物流数据协同共享工作。目前天津市商务局已完成京津国际贸易 "单一窗口" 通关物流协同服务平台系统开发项目的立项工作，待项目建设完成，天津 "单一窗口" 将实现和天津港关港集疏平台的数据接口对接。北京 "单一窗口" 将和天津 "单一窗口" 开展数据接口对接，实现空港、海港物流数据共享。

(二) 京冀协同推进北京大兴国际机场综合保税区建设

北京大兴国际机场综合保税区是京冀联合打造的全国首个跨省级行政区域综合保税区，于 2020 年 11 月 5 日获国务院批复，2021 年 12 月 20 日通过国家验收进入封关运营新阶段，2022 年 4 月 25 日正式进入运营阶段。大兴机场综合保税区内享受现行综合保税区相关税收和外汇管理政策。大兴机场综合保税区在全国率先打造 "一个系统、一次理货、一次查验、一次提离" 的区港一体化高效通关监管模式，建设全国首创的综合保税区跨界共商、共建、共享新模式、新标杆；采用联席会议工作机制，按照 "统一领导、统一规划、统一标准、统一管控、统一考核" 的要求，充分发挥临空经济区、自由贸易试验区和综合保税区在空间和政策上 "三区叠加" 的优势，全力打造全国最高通关效率综合保税区，为推进实施京津冀协同发展战略、实现港区一体化发展提供可靠保障。截至 2022 年 5 月 13 日，已有诚融科技公司、博越

国际物流（北京）有限公司、NX 集团和东风井关农业机械有限公司等两批企业完成货物入区，"跨境贸易智能民生供应链运营总部""生物医药孵化器项目"等新项目持续引进。

（三）推动北京首都国际机场和北京大兴国际机场联动发展

首都机场集团公司积极落实主体责任，发挥总协调作用，联合主要航空公司及驻场单位组建首都机场、大兴机场货运安全、服务管理委员会，构建"安全、发展、服务、管理"的货运综合共管平台，打造跨越组织边界的利益共同体，全面提升安全管理水平和服务质量，持续优化营商环境，促进"双枢纽"[1]航空货运联动发展，建设世界级航空枢纽。2021 年 10 月，集团公司北京"双枢纽"工作委员会工作与"两区"建设相关工作一同被纳入集团公司枢纽建设及机场群协同发展领导小组的下设工作组工作范畴，进一步加强"双枢纽"建设工作与"两区"建设工作联动。2022 年 3 月，北京市制定《打造"双枢纽"国际消费桥头堡实施方案（2021—2025 年)》，涉及 5 个方面共 24 项任务，明确发挥"双枢纽"优势，畅通国际流通渠道，加快构建高效通达的国际物流体系。

（四）三地自由贸易试验区多式联运和运输代理业规模扩张支撑贸易便利化发展

天津自由贸易试验区和河北自由贸易试验区的多式联运和运输代理业在营企业注册资本增速显著[2]。2014—2021 年，北京自由贸易试验区多式联运和运输代理业在营企业注册资本规模从 142.21 亿元增长到 179.22 亿元，实现 37.01 亿元的规模扩张，年均增长率为 3.36%；天津自由贸易试验区多式联运和运输代理业在营企业注册资本规模从 185.20 亿元增加到 326.02 亿元，位居第一，累计增长 140.82 亿元，年均增长率为 8.41%；河北自由贸易试验区多式联运和运输代理业在营企业注册资本规模从 45.42 亿元增加到 121.33 亿元，累计增长 75.91 亿元，年均增长率为 15.07%（见图 3-1）。

---

① "双枢纽"即北京首都国际机场和北京大兴国际机场。

② 由于受客观因素影响，有关自由贸易试验区层面的数据无法获取，考虑到自由贸易试验区是区域内高端服务业和高技术产业的重要集聚地，同时自由贸易试验区发展对所在区或市具有一定的辐射带动作用，因此本研究将数据获取的空间延伸到所在区或市级层面，以此来反映自由贸易试验区发展现状。

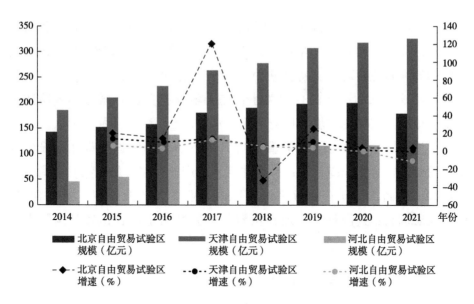

图 3-1　2014—2021 年京津冀三地自由贸易试验区多式联运和运输代理业
在营企业注册资本规模变化情况

资料来源：龙信企业大数据平台。

从三地自由贸易试验区各片区来看，北京自由贸易试验区的顺义片区多式联运和运输代理业具有明显规模优势，2021 年，其规模占北京的比重为 43.31%，是三地自由贸易试验区物流通道的核心节点，另外通州片区的增速最快，年均增长 15.85%，是重要的潜在核心节点。在京津以南区域，河北自由贸易试验区各片区中正定片区多式联运和运输代理业具有明显规模优势，其规模占河北除曹妃甸片区外的比重为 80.68%，是三地自由贸易试验区物流通道建设的核心节点，另外雄安片区的增速最快，2017—2021 年实现年均增长 29.67%，是重要的潜在核心节点。综合来看，北京的顺义片区、天津的滨海新区、河北的曹妃甸片区及正定片区串联组成了三地自由贸易试验区物流轴带，通州片区与雄安片区正在成为这一轴带中新的核心节点。

二、京津冀三地自由贸易试验区资本自由流动进展与成效

（一）三地自由贸易试验区投资便利度不断提升

京津冀三地自由贸易试验区相继成立以来，积极推动投资自由化、便

利化，持续推出制度创新举措，深化投资领域改革。实行准入前国民待遇加负面清单管理模式，对外商投资准入负面清单以外的领域，按照内外资一致的原则实施管理；支持构建对外投资合作服务平台，密切与"一带一路"沿线国家和地区的合作关系；完善境外投资综合服务和风险防控体系，提高防范和化解境外投资风险的水平。《京津冀自贸试验区三方战略合作框架协议》要求：京津冀三地自由贸易试验区进一步加强投资合作，健全投资合作保障机制；探索建立承接产业转移合作机制，招商引资收益共享机制，三地自由贸易试验区内企业之间产业对接、技术合作、信息互通机制；共同推进三地自由贸易试验区内企业合作参与国际市场竞争。

（二）探索建立三地自由贸易试验区联合授信机制

一是积极推动建立三地自由贸易试验区金融管理部门与产业部门工作协同机制，合力推进三地产业链重点企业融资对接，研究支持政策。自 2020 年 9 月以来，中国工商银行、中国银行、中国邮政储蓄银行等多家重点银行新增典型京津冀联合授信项目 10 余个，联合授信额度超 210 亿元，累计放款超 18 亿元。同时，聚焦汽车制造、生物医药、节能环保等重点领域，组织北京汽车集团有限公司、国药集团、中国节能环保集团有限公司、中国联通、中国船舶重工集团有限公司、中国电子科技集团有限公司、首钢集团等 7 家市属或央企集团财务公司从集团所属生产性企业及上下游企业入手，梳理出第一批 816 家京津冀区域重点产业链企业（其中北京、天津、河北企业分别有 544 家、77 家、195 家），且全部纳入三地银企对接系统。二是以"长安链"作为底层技术平台，通过"数据可用不可见"的方式，于 2021 年初启动建设"京津冀征信链"，安全高效实现跨机构、跨行业、跨地域信息互联互通以及多方数据融合应用，建成全国首个基于互联网的涉企信用信息征信链。除前期 9 家共建单位之外，大连等地其他企业征信机构基于市场原则，表达了参加"京津冀征信链"的意愿，并着手研究自身业务与征信链模式的匹配方式。同时，除征信机构外，金融机构、数据源机构、科技公司都有融入"京津冀征信链"的意愿。

三、京津冀三地自由贸易试验区要素跨区域流动进展与成效

（一）已初步明确三地自由贸易试验区金融一体化的主要任务和发展目标

天津自由贸易试验区率先开展金融改革创新先行先试，推进京津冀金融同城化。推广"FT账户①分公司模式"，北京、河北企业在天津自由贸易试验区可开设FT账户并开展相关业务，实现FT账户政策京冀企业共享。着力打造央企创新型金融板块承载地，支持央企在自由贸易试验区设立投资类、供应链金融、贸易类企业，80多家央企在中心商务片区设立企业超过400家，注册资金超过3 000亿元。截至2021年底，天津FT账户系统累计收支超4 000亿元。北京、河北自由贸易试验区成立之后，通过开展本外币一体化试点工作、设立境内外私募平行基金、开展区内企业外债一次性登记试点等举措的实施，扩大金融领域开放，强化金融服务实体经济。京津冀三地自由贸易试验区为进一步深化金融领域开放创新明确了主要任务和发展目标，《京津冀自贸试验区三方战略合作框架协议》中提出三地自由贸易试验区积极开展金融一体化试点，扩大金融领域开放；增强金融服务功能，强化金融服务实体经济，在依法依规、风险可控的前提下，支持符合条件的商业银行注册设立金融资产投资子公司，支持开展跨境融资等；促进金融科技创新，支持金融科技重大项目落地，充分发挥金融科技创新监管试点机制作用，稳妥开展金融科技创新。

（二）三地自由贸易试验区积极落实人才自由流动的保障措施

人才是实现经济快速发展的关键所在，京津冀协同发展战略实施以来，京津冀三地劳动力资源不断增加，人才流动便捷，2021年京津冀地区新增就业人数超156万人。2016年10月，京津冀三地签订《关于京津冀专业技术人员职称资格互认协议》，建立了京津冀人才支撑互认机制。2017年7月，京津冀三地共同发布的《京津冀人才一体化发展规划（2017—2030年)》成为全国首个跨区域的人才规划。在此基础上，三地自由贸易试验区进一步加强人才服务保障。

《京津冀自贸试验区三方战略合作框架协议》要求三地自由贸易试验区积

---

① FT账户即自由贸易（free trade）账户。

极开展人才跨区域自由流动工作。北京遵循《中国（北京）自由贸易试验区总体方案》，加速聚集高端人才要素，率先实施82项境外职业资格过往资历认可，向境外开放首批35项职业资格考试，搭建人才一站式服务载体，实施工作许可、工作居留许可"两证联办"。《中国（天津）自由贸易试验区条例》规定，实施积极的人才引进和激励政策，对境外人才在入境、出境、项目申办、创新创业等方面提供便利，并于2020年4月印发实施《关于支持自贸试验区外籍人才创新创业的若干工作措施》。《中国（河北）自由贸易试验区条例》规定：实施更加开放的人才培养和引进政策的同时积极响应三地自由贸易试验区联动发展，对建立人才跨区域资质互认、双向聘任等制度作出规划；积极开展交流学习，共同打造人才互动交流机制；在产业发展、项目引进、技术研发、自由贸易试验区前沿课题研究、干部挂职锻炼和人才培养等领域开展合作；建立人才跨区域资质互认、双向聘任等机制。

（三）三地自由贸易试验区有序推动数据安全流动

京津冀三地自由贸易试验区聚焦数据安全有序流动，提出推进数据共享开放、探索跨境流动等举措。2020年9月，北京市发布"1+3"数字经济相关工作安排，重点推进探索数据跨境流动安全管理试点工作，成立北京国际大数据交易所，建立数据交易服务体系，着力打造数据跨境交易枢纽。《中国（北京）自由贸易试验区总体方案》提出，加强跨境数据保护规制合作，促进数字证书和电子签名的国际互认，探索制定信息技术安全、数据隐私保护、跨境数据流动等重点领域规则。《中国（河北）自由贸易试验区总体方案》指出，要建设数字商务发展示范区，参与数据资产国际贸易规则和协议制定，推进公共数据利用改革试点，依托现有交易场所开展数据资产交易。《天津市加快数字化发展三年行动方案（2021—2023年)》指出，依托中国（天津）自由贸易试验区探索商业数据跨境流动模式，构建数据流通便利化体系。《中国（天津）自由贸易试验区发展"十四五"规划》再次强调探索数据传输安全管理试点，推动数据要素高效便捷流动。

从三地自由贸易试验区联动发展角度来看，天津自由贸易试验区"扩容"联动建设京津冀-东盟贸易服务平台，推动数据资源开发利用，为三地自由贸易试验区联动发展提供贸易规则解读、通关、合作伙伴对接等专业服务。2021年，京津冀首个大数据交易中心获得批复，探索多种形式的数据交易模式，形成立足天津、面向京津冀的数据要素交易流通市场。《京津冀自贸试区三方战略合作框架协议》提出，三地自由贸易试验区要推进数据产业发展，深化京津冀协同场景应用；协调三地重点企业、科研院所和高校，推动建设京津冀数据产业联盟；加强人工智能、大数据、区块链等技术应用和平台建设，深化京津冀协同场景应用。在协同合作基础上推进技术与数据在京津冀地区内的有序流动，三地自由贸易试验区在数据要素的共享上要保持开放态度，合力打造数字共享、计算和分析平台，助力推动京津冀地区数字经济发展。

（四）天津自由贸易试验区金融业强劲发展势头凸显

三地自由贸易试验区范围内金融业发展趋势稳健，天津正在成为京津冀区域内金融资本流动的关键一极。2014—2021 年，北京自由贸易试验区金融业在营企业注册资本规模从 8 684.10 亿元增长到 14 826.52 亿元，实现 6 142.42 亿元的规模扩张，年均增长率为 7.94%；天津自由贸易试验区金融业在营企业注册资本规模从 8 183.53 亿元增加到 20 701.46 亿元，位居第一，累计增长 12 517.93 亿元，年均增长率为 14.18%；河北自由贸易试验区金融业在营企业注册资本规模从 4 851.35 亿元增加到 7 112.82 亿元，累计增长 2 261.47 亿元，年均增长率为 5.62%（见图 3-2）。

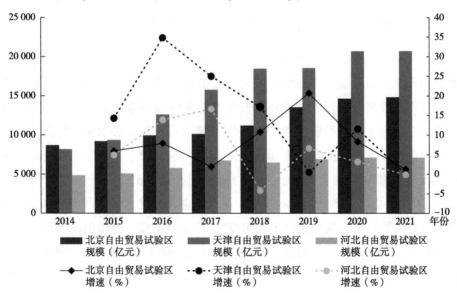

图 3-2　2014—2021 年京津冀三地自由贸易试验区金融业
在营企业注册资本规模变化情况

资料来源：龙信企业大数据平台。

四、京津冀三地自由贸易试验区产业协同共建进展与成效

（一）三地自由贸易试验区正在加强在技术市场融通方面的合作

一是加强三地技术市场管理部门的工作联动，定期沟通技术合作情况及技术合同认定登记情况，组织召开三地技术市场工作交流会；深化区域间技术转移合作与交流，组织促进三地科技成果对接。二是放宽高新技术企业认定的具体条件，积极落实《高新技术企业认定管理办法》，简化搬迁企业的原有资质、认证审核程序，对有效期内整体迁移的高新技术企业保留其高新技术企业资格。2021年，北京市流向津冀技术合同达5 434项，成交额为350.4亿元，主要集中在城市建设与社会发展、现代交通、环境保护与资源综合利用和电子信息领域。其中，流向河北3 554项，成交额为240.2亿元；流向天津1 880项，成交额为110.2亿元。2021年1月1日至今，津冀有1家高新技术企业迁往北京地区，北京有8家高新技术企业迁往津冀地区，已完成迁出手续，高新技术企业资格继续生效。

（二）鼓励三地自由贸易试验区企业"抱团出海"

北京自由贸易试验区通过"京企走出去"综合服务系统为企业推送境外经贸合作区的动态信息，利用国家及市级财政专项资金，支持企业投资建设境外合作开发区；召开企业境外投资法律服务专题讲座，整合优秀法律服务资源，搭建企业境外投资法律服务供需对接平台，提供法律服务保障。天津东疆保税港区管委会加入"天津市'走出去'合作平台"，与东疆"打造海外工程出口基地"紧密结合，服务海外工程企业，部分企业实现"抱团出海"。天津港持续开通新集装箱航线，深入推进北方航运枢纽作用，推动京津冀三地自由贸易试验区企业"抱团出海"。京冀共同参与跨境电商商标侵权纠纷应对指导会，跨区域联动加强知识产权快速协同保护，为企业"抱团出海"提供保障。京津冀三地自由贸易试验区抱团参与"一带一路"建设，共建、共享境内外合作园区。一是建立三地自由贸易试验区工作联动机制和境外园区数据库，已建立数据库的14个境外园区中，有来自京津冀三地共11家企业入驻其中3个园区；二是联合举办"国别日"投资促进活动、服贸会2021

年中国国际经济合作"走出去"高峰论坛、专业服务业助力京港携手"走出去"投资促进交流会等投资贸易促进活动,发挥京津冀三地产能优势及央企集聚的资源优势,推动更多企业"走出去"。

(三) 三地自由贸易试验区正探索建立多元化产业对接合作模式

三地自由贸易试验区正打造京津冀产业合作新平台,创新跨区域产业合作,探索建立总部—生产基地、园区共建、整体搬迁等多元化产业对接合作模式。《京津冀自贸试验区三方战略合作框架协议》明确提出构建"信息共享、创新共推、模式共建"的自由贸易试验区制度创新合作对接机制,具体表现为:围绕北京城市副中心建设、高标准高质量建设雄安新区,以及滨海新区高质量发展,突出制度和产业创新,推动建立产业开放创新合作平台,共同争取保税服务相关政策支持;推动政策统筹衔接,建立区域统一的社会信用体系和奖惩联动机制;探索建立协商和联合执法机制,开展跨地域执法协作;紧抓产业园区共建,推动巴威公司成立高端制造子公司并完成注册(唐山曹妃甸装备园区)。京津冀三地自由贸易试验区联席会议机制的落地实施将推动三地自由贸易试验区进一步突破体制机制阻碍,围绕科技创新实施"扩链、增链、补链"工程,为实现产业链、创新链、供应链的深度融合发展奠定坚实的平台基础、提供充分的政策保障和搭建完善的制度框架。

(四) 三地自由贸易试验区产业协同共建发展初显成效

高精尖产业成为区域产业协同的主要内容和战略引擎。根据京津冀三地自由贸易试验区总体方案,应重点发展新一代信息技术、生物医药等产业,通过自由贸易试验区高端产业聚集,促进京津冀地区优化现代服务业、先进制造业和战略性新兴产业布局。本研究选取信息服务业、电子商务服务业和医药制造业在营企业注册资本来反映京津冀三地自由贸易试验区产业协同共建发展情况,所选取的数据均来自龙信企业大数据平台。

京津冀三地自由贸易试验区信息服务业在营企业注册资本呈上升态势,北京自由贸易试验区优势地位显著,河北自由贸易试验区增长速度较快。从信息服务业在营企业注册资本变化来看,2014—2021 年,北京自由贸易试验区信息服务业在营企业注册资本从 5 786.94 亿元增长至 14 027.47 亿元,位居第一,年均增长率为 13.48%,与天津、河北自由贸易试验区相比增速略显不足；河北自由贸易试验区信息服务业在营企业注册资本从 465.69 亿元增长至 2 761.27 亿元，位居第二，年均增长率为 28.95%；天津自由贸易试验区信息服务业在营企业注册资本从 287.37 亿元增长至 919.49 亿元，位居第三，年均增长率为 18.08%（见图 3-3）。

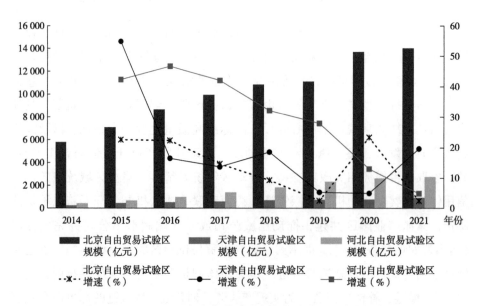

**图 3-3　2014—2021 年京津冀三地自由贸易试验区信息服务业
在营企业注册资本变化情况**

资料来源：龙信企业大数据平台。

从京津冀三地自由贸易试验区各片区来看，北京自由贸易试验区的国际商务服务片区中朝阳区的信息服务业具有明显规模优势，是信息服务业联动轴带的核心节点。就河北自由贸易试验区而言，雄安片区的信息服务业具有显著规模优势，是信息服务业联动轴带的核心节点。就现阶段而言，北京的朝阳区、天津的滨海新区以及河北的雄安片区串联组成了京津冀自由贸易试验区的信息服务业轴带。

从信息服务业包含的细分行业来看，京津冀三地自由贸易试验区信息技术服务业在营企业注册资本占比较高，整体呈上升态势。2014—2021 年，北京自由贸易试验区信息技术服务业在营企业注册资本从 2 935.11 亿元增长至 5 300.15 亿元，位居第一，年均增长率为 8.81%；河北自由贸易试验区信息技术服务业在营企业注册资本从 353.07 亿元增长至 2 178.98 亿元，位居第二，年均增长率为 29.69%；天津自由贸易试验区信息技术服务业在营企业注册资本从 236.88 亿元增长至 638.60 亿元，位居第三，年均增长率为 15.22%（见图 3-4）。

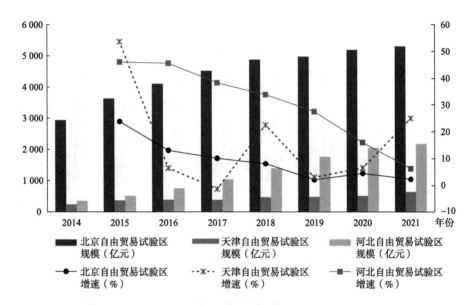

图 3-4　2014—2021 年京津冀三地自由贸易试验区信息技术服务业
在营企业注册资本变化情况

资料来源：龙信企业大数据平台。

京津冀三地自由贸易试验区电子商务服务业在营企业注册资本整体呈上升态势，但近年来发展态势趋缓。2014—2021 年，北京自由贸易试验区电子商务服务业在营企业注册资本从 192.95 亿元增长至 426.48 亿元，位居第一，年均增长率为 12.00%；河北自由贸易试验区电子商务服务业在营企业注册资本从 20.27 亿元增长至 130.32 亿元，位居第二，年均增长率为 30.45%；天津自由贸易试验区电子商务服务业在营企业注册资本从 15.11 亿元增长至 126.58 亿元，位居第三，年均增长率为 35.48%。2021 年，北京、天津、河北自由贸易试验区电子商务服务业在营企业注册资本较 2020 年分别仅增加了 2.83%、-0.10%、1.40%（见图 3-5）。

从京津冀三地自由贸易试验区各片区来看，北京自由贸易试验区的国际商务服务片区中朝阳区的电子商务服务业具有明显规模优势，是电子商务服务业联动轴带的核心节点。河北自由贸易试验区的正定片区的电子商务服务业具有显著规模优势，是电子商务服务业联动轴带的核心节点。就现阶段而言，北京的朝阳区、天津的滨海新区以及河北的正定片区串联组成了京津冀自由贸易试验区的电子商务服务业轴带。

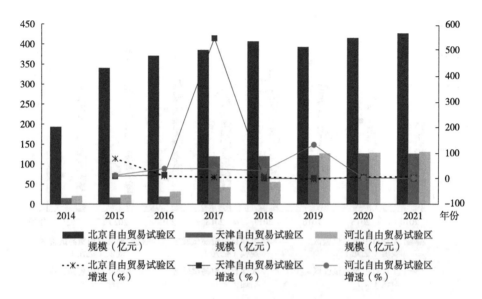

图3-5 2014—2021年京津冀三地自由贸易试验区电子商务服务业
在营企业注册资本变化情况

资料来源：龙信企业大数据平台。

从电子商务服务业包含的细分行业来看，京津冀三地自由贸易试验区互联网平台在营企业注册资本整体增长速度较快。2014—2021年，北京自由贸易试验区互联网平台在营企业注册资本从62.30亿元增长至121.37亿元，位居第一，年均增长率为10.00%；河北自由贸易试验区互联网平台在营企业注册资本从8.11亿元增长至110.15亿元，位居第二，年均增长率为45.17%；天津自由贸易试验区互联网平台在营企业注册资本从0.05亿元增长至9.37亿元，位居第三，年均增长率高达111.19%（见图3-6）。

京津冀三地自由贸易试验区医药制造业整体发展呈平稳态势，河北自由贸易试验区发展速度较快。从医药制造业在营企业注册资本变化来看，2014—2021年，北京自由贸易试验区医药制造业在营企业注册资本从354.57亿元增长至384.82亿元，位居第二，年均增长率为1.18%；天津自由贸易试验区医药制造业在营企业注册资本从118.48亿元增长至124.16亿元，位居第三，年均增长率仅为0.67%；河北自由贸易试验区医药制造业在营企业注册资本从

246.15亿元增长至385.24亿元，位居第一，年均增长率为6.61%（见图3-7）。

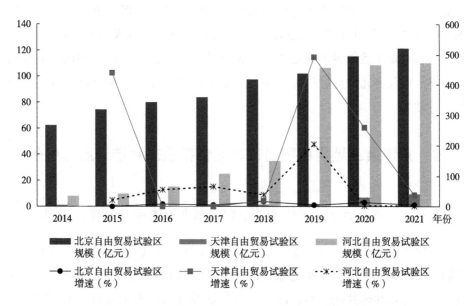

图3-6　2014—2021年京津冀三地自由贸易试验区互联网平台

在营企业注册资本变化情况

资料来源：龙信企业大数据平台。

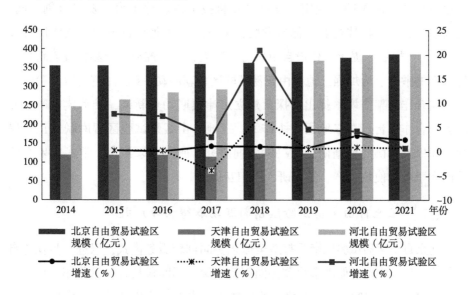

图3-7　2014—2021年京津冀三地自由贸易试验区医药制造业

在营企业注册资本变化情况

资料来源：龙信企业大数据平台。

从京津冀三地自由贸易试验区各片区来看，北京自由贸易试验区的高端产业片区中大兴区的医药制造业具有明显规模优势，是医药制造业联动轴带的核心节点。河北自由贸易试验区的正定片区医药制造业具有显著规模优势，是医药制造业联动轴带的核心节点。就现阶段来看，北京的大兴区、天津的滨海新区以及河北的正定片区串联组成了京津冀三地自由贸易试验区的医药制造业轴带。

五、京津冀三地自由贸易试验区创新生态营造进展与成效

（一）三地自由贸易试验区着手制定创新生态营造的详细规划

京津冀协同发展战略实施以来，京津冀区域协同创新指数增长迅速，协同创新水平显著提高。在此基础上，三地自由贸易试验区对科技资源优化配置、科技场景共建共用、科技园区合作共赢等方面作出了规划。《中国（天津）自由贸易试验区发展"十四五"规划》指出，要建立京津冀三地自由贸易试验区智库联盟，加强创新经验双向输出和成果双向利用；《中国（北京）自由贸易试验区条例》规定，支持设立科技成果转化平台，发展众创空间、创业基地，促进科技企业孵化器发展；《中国（河北）自由贸易试验区发展"十四五"规划》提出了建设自由贸易联动创新区、推动京津冀科技创新合作等方面的举措。为加强三地自由贸易试验区创新联动，《京津冀自贸试验区三方战略合作框架协议》提出，探索建立京津冀联动创新区，推动建立产业开放创新合作平台。在三地通力协作下，三地自由贸易试验区智库联盟正式揭牌，积极发挥协同创新研究、决策咨询研究、研究成果汇集、学术成果交流等四大职能，使政、产、学、研、用相互促进。

（二）三地自由贸易试验区创新联动取得初步成效

北京自由贸易试验区牵头打造全球化协同创新服务模式，以进一步发挥自由贸易试验区建设对促进京津冀协同创新、深化国际科技合作的作用，具体表现为：构建基础研究—前沿技术—原创技术—成果产业化全链条、多层次原始创新科研体系；组建全产业链协同创新中心和知识产权基金，通过"项目+团队""项目+企业""项目+集群"等模式，打造项目产业化内生机制；形成"大

学育种、'中心'育苗、社会育材"的"顶天立地"科研模式，采取融合化创新人才培养模式。科技创新成果不断涌现，科研成果转化成效显著，市场化资源配置机制效果显现，截至 2022 年底，累计实施科研项目 213 项，具有国际领先或先进水平的项目约占 45%，其中 11 项为首创；121 项技术实现了转化，与 20 多家龙头企业建立了联合研发机制；知识产权基金一期累计决策 58 个项目，累计完成出资 2.26 亿元，已完成研发并转化项目 41 个，转化率达到 70%。

三地强化园区顶层谋划，共同编制完成《雄安新区中关村科技园发展规划》，实施科技资源服务雄安新区建设模式研究项目；推动中国科学院雄安创新研究院（筹）与中国科学院大气物理研究所签署共建联合实验室合作协议，共建雄安碳中和示范区规划、区域气候与环境综合观测基地。天津滨海-中关村科技园围绕智能科技、生命大健康、新能源新材料、科技服务业，打造"3+1"产业体系。京津中关村科技城建成首个人才社区，天津南开中学科技城分校签约落地，中关村协同发展中心产业综合体启动试运营。截至 2022 年底，京津中关村科技城建设完成 28 个项目投资协议书的签署，预计可出让工业用地约 123.246 公顷，形成落地总投资额 165.01 亿元，投产后年产生税收 10.22 亿元，可增加当地就业人口约 8 000 人。

（三）三地自由贸易试验区在创新研发、科技成果转化、创新成果产出环节发展态势良好

以新一代信息技术、新能源、新材料等创新突破和推广应用为代表的全球新一轮科技和产业革命正蓬勃兴起，京津冀三地自由贸易试验区充分发挥自由贸易试验区制度创新与赋能作用，积极营造创新生态。根据京津冀三地自由贸易试验区总体方案，应聚焦创新研发设计、科技成果转化、创新成果产出环节，探索建立京津冀联动创新区，营造国际一流创新创业生态。本研究选取研发与设计服务、科技成果转化服务新增企业数和研发与设计服务发明专利新增授权量反映京津冀三地自由贸易试验区创新生态发展情况，所选取的数据均来自龙信企业大数据平台。

在创新研发主体方面，三地自由贸易试验区设立之后，自由贸易试验区所在区或市研发与设计主体数量增加较为显著。2014—2021 年，三地自由贸易试验区所在区或市研发与设计服务存续企业呈逐年增长趋势，天津自由贸易试验区作为中国北方首个自由贸易试验区，成长动力充足，研发与设计服

务新增企业数由 42 家增加至 177 家，年均增长率为 22.81%，增量部分明显呈上升趋势，其中，注册规模在 5 000 万元以上的新增企业由 8 家增长至 16 家；北京、河北自由贸易试验区成立之前，两地新增企业数分别于 2019 年、2017 年开始呈下降态势，但北京、河北自由贸易试验区的设立为创新主体提供了新的动力，辐射带动效应显著。2020—2021 年，北京自由贸易试验区所在区研发与设计服务新增企业数由 664 家增加至 857 家，年均增长率为 29.07%。2019—2021 年，河北自由贸易试验区所在市研发与设计服务新增企业数由 2 360 家增加至 3 417 家，年均增长率为 20.33%，增长势头强劲（见图 3-8）。

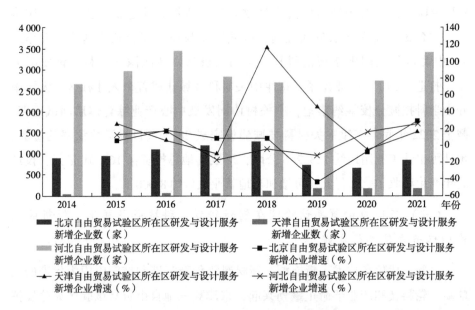

图 3-8　2014—2021 年三地自由贸易试验区所在区或市
研发与设计服务新增企业变化情况

资料来源：龙信企业大数据平台。

在科技成果转化主体方面，三地自由贸易试验区的设立为自由贸易试验区所在区或市科技成果转化机构发展注入了新的活力。三地自由贸易试验区所在区或市科技成果转化主体数量整体呈上升趋势。2014—2021 年，天津自由贸易试验区所在区科技成果转化服务新增企业数从 1 604 家增长至 4 466 家，年均增长率为 15.75%，其中，注册规模在 5 000 万元以上的新增企业由 117 家增长至 217 家，年均增长率为 9.23%；河北自由贸易试验区所在市科技成果转化服务新增企业数从 2 317 家增长至 24 895 家，年均增长率为 40.38%，其中，注册规模在 5 000 万元以上的新增企业由 125 家增长至 467 家，年均增长率为 20.72%；北京自由贸易试验区成立之前，其所在行政区科技成果转化服务新增企业数呈下降趋势，发展动力不足，在自由贸易试验区成立之后，2020—2021 年科技成果转化服务新增企业数增长迅速，于 2021 年增长至 50 757 家，其中，注册规模在 5 000 万元以上的新增企业增长至 1 606 家，达到历年以来的最高值，呈现良好的发展趋势（见图 3-9）。

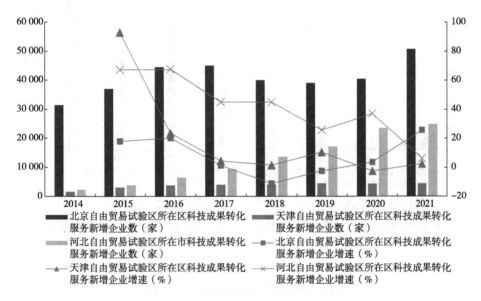

图 3-9　2014—2021 年三地自由贸易试验区所在区或市
科技成果转化服务新增企业变化情况

资料来源：龙信企业大数据平台。

在创新成果产出方面，三地自由贸易试验区所在区或市研发与设计服务新增发明专利整体呈上升趋势。从增长速度来看，2014—2021 年，北京自由贸易试验区所在区研发与设计服务发明专利新增授权量从 507 件增长到 6 299 件，年均增长率为 43.33%；天津自由贸易试验区所在区研发与设计服务发明专利新增授权量从 66 件增长到 304 件，年均增长率为 24.38%；河北自由贸易试验区所在市研发与设计服务发明专利新增授权量从 215 件增长到 912 件，年均增长率为 22.93%。三地自由贸易试验区创新成果产出增势较为显著。从绝对份额来看，北京是京津冀地区乃至全国的重要创新源头，同时正积极推进国际科技创新中心建设，因此，北京自由贸易试验区所在区研发与设计服务新增发明专利数显著高于作为创新承接地的天津和河北。2021 年，北京自由贸易试验区所在区研发与设计服务新增发明专利数为河北自由贸易试验区所在市的 6.91 倍，是天津自由贸易试验区所在区新增发明专利数的 20.72 倍（见图 3-10）。

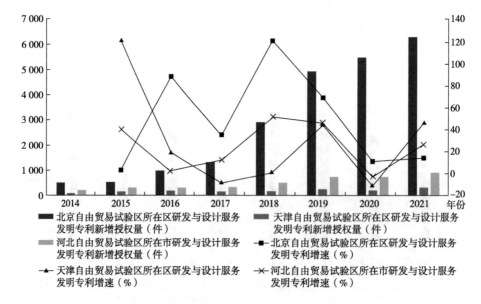

图 3-10 2014—2021 年三地自由贸易试验区所在区或市研发与设计服务新增发明专利变化情况

资料来源：龙信企业大数据平台。

从三地自由贸易试验区各片区来看，北京自由贸易试验区的科技创新片区中海淀区的研发与设计服务和科技成果转化服务行业具有明显的规模优势，是创新联动轴带的核心节点，另外科技创新片区的昌平区在自由贸易试验区成立之后增速最快，为 98.44%，是重要的潜在核心节点。在京津以南区域，河北自由贸易试验区各片区中雄安片区的研发与设计服务和科技成果转化服务行业具有明显的规模优势，是创新联动轴带的核心节点，另外曹妃甸片区在自由贸易试验区成立之后增速为 33.52%，是重要的潜在核心节点。就现阶段来看，北京的海淀区、天津的滨海新区、河北的雄安片区串联组成了京津冀自由贸易试验区走廊中的创新联动轴，昌平区和曹妃甸区正逐渐形成创新联动轴中新的节点。

六、京津冀三地自由贸易试验区政务服务合作进展与成效

(一) 三地自由贸易试验区正探索建立政务服务通办联动机制

1. 打造政务服务"跨省通办"生态联盟模式

北京和天津自由贸易试验区联合打造以区块链可信安全数据为基础的"全流程、全覆盖、全时段、全周期"政务服务"跨省通办"生态联盟模式，并吸引全国其他地区共建政务服务"跨省通办"生态联盟，政务服务"跨省通办"成效明显。京津两地市级政务服务中心采取"互派人员、互设窗口"方式推进政务服务"跨省通办"，共提出 696 个办理服务事项。截至 2021 年12 月 23 日，"跨省通办"生态联盟共实现 605 个政务服务应用场景落地，不同程度地实现了"减材料、减时限、减环节、减跑动、促网办"，141 个场景平均减少办事人提交材料 40%以上，87 个场景实现了全程网办，57 个场景实现"只跑一次"。截至 2022 年，共产生办件量 14 288 件，证照拉取量 40 827次。同时，京津两地与河北开展"跨省通办"合作，三地共同建成"京津冀+雄安（3+1）"政务服务"一网通办"平台，不断扩展"一网通办"事项范围。

2. 通州组团建立政务服务"区域通办"联动机制

2021 年 5 月 8 日，《北京城市副中心（通州区）与廊坊北三县、廊坊临空经济区政务服务"区域通办"联动机制框架协议》推出 70 项政务服务事项和 453 项涉及教育、医疗、养老等业务的高频便民事项，实施"区域通办"，持续提升跨省服务协同能力。"区域通办"实施以来，通州区政府分别提出56 项、32 项可与天津滨海新区、河北廊坊北三县联合进行异地窗口办理的事项清单；共梳理完成 70 项高频便民服务事项、179 项自助服务事项和 274 项移动端可办政务服务事项，纳入首批"区域通办"事项清单；累计访问"区域通办"自助服务终端 21 786 次，办理区域通办事项 5 318 件。2022 年 4 月 14日，在"区域通办"的基础上，三地有关部门召开政务服务"区域通办"推进会，对"区域通办"2.0 升级版进行了深入交流和探讨，加速释放"区域通办"协同效应，在完善政务服务协同联动机制、搭建政务服务"区域通办"平台和制定完善"区域通办"事项清单等方面达成共识，推进政务服务"区域通办"升级扩面。

3. 三地自由贸易试验区共同建立"同事同标"工作机制

三地自由贸易试验区有关部门联合印发《推动京津冀自贸试验区内政务服务"同事同标"工作方案》，由三地政务服务部门牵头主导，主动打破三地自由贸易试验区内政务服务事项办理属地限制，高效推动各项改革措施落实，不断开展政务服务"同事项名称、同申请标准、同申报材料、同办理时限和审批结果互认"工作，推动实现政务服务"区域通办"、标准互认和采信、检验检测结果互认和采信。2021年12月23日，京津冀政务服务合作工作专班办公室召开首次会议，建立了"云"签章系统并在《关于印发〈京津冀自由贸易试验区内第三批"同事同标"政务服务事项目录〉的通知》上加盖电子印章，共同梳理了涉及市场准入准营、交通、税务等"同事同标"事项清单，并发布了第三批"同事同标"政务服务事项目录。目前，京津冀三地共推出包括行政许可、其他行政权力、公共服务等3个事项类型，涉及市场监管、交通、药监、知识产权、商务、税务、公安、人社、医保等三地9个部门共153项自由贸易试验区间政务服务"同事同标"事项。

（二）探索构建三地自由贸易试验区跨区域市政公共资源供应兼容模式

北京和河北两片区管委会依托各方优势，在大兴综合保税区内构建了市政基础设施的兼容互通模式，建立了"联合管委会+京冀属地管委会+平台公司"的三级统筹协调管理机制，制定了"灵活调用"跨区域市政公共资源的应急管理合作框架，着重强调资源的高效利用和资源的应急调配，实现了跨区域资源的高效利用和互为保障，跨区域市政公共资源形成从政府到平台、从内到外的一体化管理运营格局。同时，通过跨区域比选、调配资源，促进形成"价廉质优"供应优势，有效降低了企业的生产经营成本，增强了招商引资的吸引力。综合保税区在封关验收三个月内已吸引30余家企业入驻，南洋投资、国际医药研发孵化器、智能仓储物流中心、综合保税区公共服务平台、多式联运库等五个大项目已落地。

（三）推动形成"1+X"跨区域基本公共服务协同管理模式

通州区、武清区、廊坊市三地政府联合印发《通武廊医疗卫生协调联动国家基本公共服务标准化试点项目建设工作方案》，开展"通武廊医疗卫生协调联动基本公共服务标准化试点"项目，构建了跨区域协同的工作机制和制度体系，并取得了实质性的进展。一是共同研究并系统梳理出三地代谢性疾病领域的治疗现状与诉求，推动完成了涵盖143项标准的"代谢性疾病基本公共服务标准体系"的搭建与编制，填补了跨区域公共服务标准体系的空白。二是缓解了区域内医疗服务水平不均衡的状况。以"国家标准化代谢性疾病管理中心"为试点打造"区域中心+镇街医院、卫生院、基层站点"的"1+X"协同管理模式，为三地代谢性疾病基本公共医疗服务提供了"一站式"标准化解决方案，代谢综合达标率和患者满意度都有大幅提升。三是三地形成了良好的互联互通机制。为确保试点项目稳步推进，三地领导小组各成员单位统筹调度，通过组织人员培训提升专业技能，通过交流合作互相学习相关经验，有效提升区域间医疗服务领域的协同水平。

第四章　问题分析

在京津冀三地自由贸易试验区联动发展的起步探索阶段，面临着诸多现实挑战。一是三地自由贸易试验区间的陆海联运交通体系兼容度不高、海关协同监管能力不强、通关一体化流程烦琐等问题制约贸易便利度提升；二是三地自由贸易试验区间的投资管理政策保障尤其是负面清单管理模式不完善、投资信息透明度不高、外汇管理模式存在区域异质性等制约投资便利度提升；三是三地金融监管制度协调度不高、人才跨区域流动保障机制不健全等制约要素跨区域流通效率提升；四是三地自由贸易试验区产业链衔接不足、供应链建设进度不一等制约产业链融合度提升；五是三地自由贸易试验区对小微科创企业的融资保障机制、创新孵化体系和创新资源共享机制不健全制约创新生态营造；六是三地自由贸易试验区制度创新的系统性、集成性不强以及改革创新自主权不足等制约制度创新效率提升；七是三地自由贸易试验区间的政务服务"跨省通办"、社会信用体系、奖惩联动机制和执法信息互联互通保障机制尚不完善等制约营商环境提升。

一、自由贸易试验区在贸易便利化联动方面存在的问题

（一）陆运建设起步较慢，海空建设三地协调度不高

三地自由贸易试验区在对外物流联系大通道建设方面相对薄弱。从陆运通道建设来看，作为京津冀中欧班列集结中心的石家庄国际陆港尚处于建设阶段。2022年上半年，京津冀区域中欧班列累计开行520列，在全国所占比重较为靠后。从空运通道建设来看，北京运力负担过重、河北运力不能充分发挥导致的机场运输业务体量差距长期存在。天津在打造京津冀航空快件集散中心、国际航空物流中心等方面与首都机场集团公司的联系更为密切，河

北机场与首都机场之间的联系强度相对不足，尤其是邯郸、唐山、秦皇岛等支线机场发力不足。从海运通道建设来看，天津港陆续开通多条 RCEP 航线，与其他国家航运贸易联系进一步增强，但是从建设世界级港口群的视角看，天津港在区域内的虹吸效应显著，京津冀三地共同开辟国际航运线路节奏不一，与其他国家联合打造定期班船线路进度相较川渝自由贸易试验区协同开放示范区和长三角自由贸易试验区联盟明显滞后。

（二）海关协同监管业务一体化和通关一体化效率有待提升

海关监管能否实现联动是影响自由贸易试验区贸易便利化联动的现实因素。《贸易便利化协定》所包含的 12 条贸易便利化条款中，绝大部分都与海关直接相关，海关的监管效能和服务水平直接决定了贸易便利化总体水平。就自由贸易试验区来看，三地海关监管业务一体化仍面临诸多现实挑战。一是管辖权分配不明确。实行通关一体化后，企业不知道应该由哪个海关审查相关文件，违法行为发现地的海关和违法行为发生地的海关衔接问题也是跨区域自由贸易试验区联动过程中的关键掣肘。虽然法律明确规定了行政处罚的管辖权，但这在无形中增加了企业的通关成本，可能会出现河北企业到北京或天津去处理税务纠纷的情况。二是协同监管的法律依据缺位。一方面，由于海关与其他国家机关单位之间的协调机制没有明确的法律保障，通关一体化建设的协调力、执行力会受到相应限制。另一方面，目前各地海关仅负责对本关区内的进出口货物及有关企业进行风险防控，各关区分散防控，碎片化严重。三是各信息平台衔接不畅。京津冀已经构建形成了"一中心、四平台"的区域通关一体化作业架构，但目前只实现了通关监管制度的统一，其他环节三地统一的协同信息系统尚未构建。此外，三地海关体系内现有信息技术平台良莠不齐，各级各部门存在平台效用重叠、互不兼容的现象。以北京海关为例，各类应用平台近 20 个，包括 H2010 通关管理系统、HZ2011 海关综合业务管理平台、HB2012 中国海关办公平台、HB2001 海关政府办公系统、"三统一"平台、HJ2006 系统及在线学习平台、跨境电子商务公共信息平台、北京关检合作"三个一"公共服务平台、出口舱单一站式平台、北京海关查验平台、风险管理平台等，涉及的业务类别更多、更细致、更复杂，平台资源整体性较差，各平台互相衔接存在技术障碍。

通关一体化建设有待进一步深入推进。一是通关流程与通关模式整体效能存在较大提升空间。一方面是通关环节较多，手续较为繁杂。按照当前通关流程规定，所有的通关手续必须要等实货到达以后才允许办理，实际操作中容易形成中间拥堵、两头分散的"橄榄型"业务量分布，使报关业务容易集中堵塞在某个环节。另一方面，为了进口货物能够顺利放行，海关采用了先缴税后放行的方式。企业在申报后，只有成功支付税金或让代理报关行垫付税金后，货物才能进行下一步的放行。这种方式能够确保在申报后产生的税金得到及时缴纳，确保通关的顺利进行。二是跨关区快速通关和有效监管之间存在一定冲突。在严厉打击走私的同时，海关也需要优化通关流程，提高通关效率。如何在二者之间取得平衡，成为海关面临的重要问题。三是海关的口岸协同度还有进一步提升的空间，需要建设完善的一体化通关服务体系。口岸信息系统需要实现互联互通和全程信息化联网，接口标准需要统一，以解决数据信息多元异构等问题。与国际先进口岸相比，京津冀地区的物联网建设还处于初级阶段。要实现便捷高效的通关，还需不断加强口岸协同度，以满足通关一体化改革的需求。

（三）口岸联动在利益协调、秩序协同方面存在不足

在口岸建设方面，天津港口岸与河北地区联动不足。天津港70%的集装箱来自京津冀，但是在多式联运方面存在短板，在河北仅有石家庄能够与天津港实现"一单到底"的国际海铁联运，而且，京津冀地区海铁联运模式主要为"水—公—铁"模式，铁路场站与码头有一定距离，需用卡车进行衔接。目前，津唐国际集装箱码头公司已开始运营。同时，天津港、黄骅港和曹妃甸港之间已签署合作框架协议，初步形成一种互补的港口联盟，以实现对津冀集装箱资源的统筹和航线的共享。但是，津冀各港口之间的区位相似，难以实现功能互补和错位发展的协作关系。特别是曹妃甸港拥有良好的深水航道和自然条件，距离天津港只有100千米，两地港口拥有共同的腹地，可能存在潜在的竞争，包括船舶的靠港和出入港通道资源的使用等。

在口岸秩序方面，河北与天津共同面临秩序不规范的问题，口岸各服务环节形成了复杂的利益链条。以天津港口岸为例，以下三类主体是天津港口岸的关键市场主体：一是天津港集团及其下属单位。它们拥有所有必要的优质资源，包括集装箱码头、货运代理机构、船舶代理机构、报关报检单位和

运输车辆等，能够为货主提供全流程服务。二是为数众多的中小企业。其中，货运代理机构数量已达 1 700 余家，船舶代理机构 100 余家，报关报检单位300 余家，运输车队 1 000 余家。这些企业已深入港口通关流程的各个环节中，并长期依赖其资源优势生存。三是国际大型船公司和无船承运人。它们虽然在天津海港口岸没有注册实体，但拥有丰富的国际贸易信息资源和国际航运资源，并占据垄断地位。

在口岸收费方面，虽然各港口已经逐步发布价格清单，但是相较国内其他口岸部分常规收费项目费率仍然较高。天津港口岸由于部分项目费率高于河北地区，对北京、河北进出口贸易缺乏吸引力，不利于三地自由贸易试验区开展贸易便利化联动。例如，天津口岸按照 20 英尺（6.096 米）集装箱200 元、40 英尺（12.192 米）集装箱 400 元的标准收取熏蒸费，而其他口岸均给予不同程度的优惠，如京唐港的收费标准为 200 元/箱。

二、自由贸易试验区在投资便利化协同方面存在的问题

（一）三地自由贸易试验区缺乏统一的投资管理政策保障

总体来看，目前三地自由贸易试验区在投资管理方面并没有出台明确的政策，在投资管理政策方面缺乏一致性，投资的不透明性和不确定性较高。投资管理机制是影响投资便利化的关键因素，对外商投资审核的速度与效率具有重要影响。在已有文件中，仅《京津冀自贸试验区三方战略合作框架协议》提出三地自由贸易试验区将在投资合作等方面加强协同，促进政策互通互鉴，但并没有在文件中细化三地投资管理具体方案，因此京津冀三地自由贸易试验区在统一的投资管理机制方面缺乏制度保障。自由贸易试验区投资便利化联动往往涉及不同行政区内的多个部门，如商务局、市场监管委、市金融局等不同部门，跨区域的条块联动本身存在一定难度。此外，三地自由贸易试验区分属不同的行政区划，各自在投资准入门槛、投资行政审批、投资监管等方面亦存在差异，使得三地自由贸易试验区在联动时协调难度进一步加大。

三地自由贸易试验区投资管理的政策存在以下几个方面的问题。一是外贸备案登记虽然由审批制改为备案制，但由于实行"宽进严管"的政策，对

外资企业的审查时间仍然相对较长。二是在负面清单管理方面，三地自由贸易试验区并没有针对某些条目列明具体实施限制的措施。例如，"禁止投资互联网新闻信息服务、网络出版服务、网络视听节目服务、互联网文化经营（音乐除外）、互联网公众发布信息服务"条目没有说明如何限制以及没有具体的限制措施。负面清单一般是对外国投资者使用的，特别管理措施不清晰会使投资者产生困惑进而影响外商投资效率，相当于在无形中给外商投资增加了投资壁垒。三是简化审批流程后存在事中事后监管不严的问题。三地自由贸易试验区推行放管服，推进审批权限下放，但配套方案尚且不完善。此外，权力下放后各部门之间的衔接没有跟上，导致外商在进行审批时仍存在"多头跑"的现象。

（二）三地自由贸易试验区缺乏投资便利方面的一体化合作机制

投资促进与保护政策是影响自由贸易试验区投资便利化的重要因素。保护外商合法权益，优化外商投资的制度环境是落实自由贸易试验区投资便利化的重要举措。三地自由贸易试验区投资促进与保护方面的政策面临几个方面的现实问题。一是外商投资信息共享平台建设仍然不健全。跨自由贸易试验区间的投资信息共享和业务协同相对滞后，三地缺乏统一的投资信息平台，不利于共享投资信息，影响投资便利化联动的运行效率。二是外商投资企业诉讼工作机制仍不健全，三地自由贸易试验区尚未设置有关解决外商投资争议的专职机构。三地自由贸易试验区在更好地发挥法院民商事审判、多元解决以及诉调对接机制等职能方面仍存在较大提升空间。三是外资项目重大专班制度尚未建立，未能及时反馈项目推进过程中遇到的困难与问题，三地自由贸易试验区对外资重大项目的跟踪服务工作还存在进一步优化空间，三地自由贸易试验区对区内外资重点项目进展情况的检查机制尚不完善。

（三）三地自由贸易试验区外汇管理模式的差异导致外汇管理不便

外汇管理是影响自由贸易试验区投资便利化联动的重要因素。在三地自由贸易试验区内，仅天津开通了自由贸易（FT）账户，北京和河北尚未开通自由贸易账户，不利于外商跨境投资便利化、自由化。自由贸易账户是中国人民银行依托自由贸易试验区探索资本项目可兑换的一项重要制度安排，在跨境投资方面发挥着重要作用，可以为自由贸易试验区和境外的跨境资金流动提供便利，提高资金转换和付汇效率。2020年12月，天津自由贸易试验区首批全功能资金池投入运营。全功能型跨境人民币资金池是基于自由贸易账户搭建的，具备本外币合一、账户内可兑换、跨境资金收付便利的优势，跨国企业集团境内外成员企业与自由贸易试验区内的主办企业之间或境外主办企业与区内成员企业之间能够自行选择货币进行资金归集，满足本外币资金跨境调拨的需求，大幅提高资金使用自由度，有利于吸引更多的跨国企业投资。整体来看，北京和河北与天津在外汇管理方面的差异制约着三地自由贸易试验区投资便利化程度的提升。

三、自由贸易试验区在要素跨区域流动方面存在的问题

（一）三地自由贸易试验区缺乏统一的金融监管制度和审批程序

三地自由贸易试验区金融管理部门以行政区划为基础，并未从区域整体的角度出发统筹规划实施金融政策。由于各地区金融市场的发展程度存在差异且各有其特点，为适应这一点，三地的金融监管体系分别由各地区自行负责，导致各地区金融业市场的规定、门槛、要求、监管方式和披露程度等均有很大的不同，这进一步加大了地区间政府的协调难度，同时造成跨区域套利活动的增多，使得某些金融机构为了攫取更多利润，倾向于选择在低成本地区开展经营或在监管力度较为宽松的区域实施金融项目，造成潜在的金融风险。另外，跨省级行政区的项目审批事项多、程序烦琐复杂，再加上三地政府联结不够紧密，处理时限较长且重视程度不够，使得项目落地实施的市场环境不容乐观，导致最终效益未能达到预期。

（二）三地自由贸易试验区金融信息平台和征信系统尚不完善

目前推动金融产品跨区域流动的金融交易联网平台屈指可数。在大数据、智能化发展的大背景下，金融信息共享服务平台建设不足势必阻碍金融一体化的进程。虽然2021年初，京津冀三地启动建设全国首个基于互联网的涉企信用信息征信链——"京津冀征信链"，以提高数据的价值，但上链单位的数量和类型有待进一步拓展。自由贸易试验区以制度创新为核心，且京津冀三

地自由贸易试验区均有建设三地跨区域联合授信的意愿，对于推进三地自由贸易试验区金融信息共享服务平台建设和先行试点跨区域联合授信的具体措施有待进一步明确。

（三）三地自由贸易试验区缺乏针对关键技术环节的大型科研基金支持计划

为促进京津冀协同发展，三地发起设立京津冀协同发展产业投资基金。该基金聚焦于疏解北京非首都功能，用于投资建设北京城市副中心、河北雄安新区、天津滨海新区等重点功能承接平台。天津自由贸易试验区的京津冀产业结构调整引导基金围绕天津市目标定位和全市中长期规划，投资于天津市新一代信息技术、高端装备制造、生物医药、新能源、新材料、节能环保、现代石化、现代冶金、现代服务业等产业领域。目前京津冀三地自由贸易试验区缺乏三地共同参与的、针对三地自由贸易试验区重点产业链的关键核心技术和区域性共性关键技术的大型科研基金支持计划，导致关键技术领域的高水平人才引进困难，难以有效释放人才这一关键要素在自由贸易试验区联动发展中的作用。

（四）三地自由贸易试验区间的人才共享政策协调机制有待完善

目前三地自由贸易试验区间已初步探索形成人才交流合作、挂职轮岗、联合培养的共培、共享机制，但人才共享的形式有待进一步完善，存在人才规划、引进、评估、培训、激励和就业政策等跨区域衔接方面的现实障碍，阻碍人才流动的地方性政策法规和政策仍需进一步减少直至免除，人才跨区域流动的激励机制和人才收入共享机制仍需进一步完善。美国建立了人才原供职单位和聘用单位间人才费用分摊机制，以吸引国际人才自由流动。该机制由双方单位根据流动人才的工作性质（全职、兼职或者间断性工作）以及流动后给各方带来的收益的不同来协调费用的分摊，分摊比例通常介于 0 和 100% 之间，而人才薪酬和福利费用百分之百由聘用单位支付①。

---

① 寸守栋. 国际人才跨区域自由流动机制创新研究：基于美国国家科学基金委（NSF）案例研究与借鉴 [J]. 企业经济，2021，40（1）：128-134.

四、自由贸易试验区在产业链、创新链、供应链联动方面存在的问题

(一) 三地自由贸易试验区面临创新发展水平不均衡的问题

三地自由贸易试验区创新联动缺少统一管理，北京的科技成果在津冀的落地能力仍然不足，津冀与北京还需要更加紧密的创新互动。北京自由贸易试验区科技创新片区的中关村科学城、中关村生命科学园等地区创新发展基础较好，科技创新片区聚集了北京生命科学研究所、北京脑科学与类脑研究中心、国家蛋白质科学中心（北京）等一批顶级研发机构。天津自由贸易试验区在大力推动前沿技术和新兴产业创新孵化方面取得了显著进展；通过积极引进人工智能、虚拟现实技术、量子通信等技术的开发机构，并建设产业化基地，不断加速区块链、大数据技术在金融、贸易、航运、物流、公共服务等领域的研究和场景运用，并着力建设区块链创新研究院。河北自由贸易试验区也在加快产业聚集，特别是关注生物医药健康产业，同时加强跨境研发和前瞻布局。数字经济方面，该试验区正在积极发展数字产业、数字贸易和数字金融。然而与北京自由贸易试验区、天津自由贸易试验区相比，河北自由贸易试验区的基础设施建设相对欠缺，无法满足北京自由贸易试验区大量创新资源的传递与共享需求，从而制约着三地自由贸易试验区的创新联动发展。

(二) 三地自由贸易试验区缺乏完备的知识产权工作体系

在知识产权保护方面，上海浦东新区已经形成了完备的"4545"知识产权工作体系，包括"四合一"知识产权综合管理体制、"五大功能性平台"、"四轮驱动"知识产权保护模式、"五位一体"的知识产权价值实现机制；国内首创设立知识产权纠纷人民调解委员会，成立"中国贸促会（上海自贸试验区）知识产权争议解决与海外维权工作站"，优化了创新创业生态环境。而在京津冀三地自由贸易试验区，由于缺乏完善的知识产权保护规则，企业可能面临国际竞争者提出的侵犯知识产权的指控，也可能面对被国外组织侵犯知识产权而急需维权的压力，未来三地自由贸易试验区在创新链联动发展的

过程中面临着完善相关法治建设的现实挑战。

（三）三地自由贸易试验区人才流动与成果共享机制有待进一步完善

自由贸易试验区的飞速发展及互联网的普及促使企业加大了对专业创新人才及复合型人才的需求。2021年9月，《京津冀自贸试验区三方战略合作框架协议》中提出，京津冀三地自由贸易试验区要积极开展交流学习，共同打造人才互动交流机制，开展产业发展、项目引进、技术研发、自由贸易试验区前沿课题研究、干部挂职锻炼和人才培养等领域合作，建立人才跨区域资质互认、双向聘任等机制。然而，三地自由贸易试验区专业创新人才团队建设水平仍有待提升。以天津自由贸易试验区为例：天津自由贸易试验区内中小企业大都为民营企业，其生产经营规模较小，资金实力有限，经营业绩不稳定，导致其难以通过高薪来吸引人才，并且核心技术骨干的薪酬低于市场水平，降低了对创新人才的吸引力，亟须三地自由贸易试验区共同打造人才互动交流机制，以破解人才需求难题。

（四）三地自由贸易试验区的产业协同发展定位尚不明确

从国内自由贸易试验区产业联动发展存在的问题来看，长三角自由贸易试验区联盟重点产业优势互补、协调联动、错位发展的成效不够突出，产业发展的协同机制有待完善；广东自由贸易试验区与海南自由贸易港产业协同过程中，两地主导产业差异过大导致在高端制造业领域难以实现产业协同。因此，如何助力三地自由贸易试验区进一步实现产业协调布局与产业结构优化升级，怎样更好地完成"北京研发、津冀转化"，是三地自由贸易试验区合作机制建设过程中面临的关键问题之一。总体来看，北京自由贸易试验区注重在科技创新、数字经济、服务贸易方面的制度创新，天津自由贸易试验区注重在高端制造业、航空和航运物流、国际贸易、融资租赁等现代服务业方面的制度创新，河北自由贸易试验区注重在数字商务、生物医药和国际大宗商品贸易方面的制度创新。但具体来看，北京自由贸易试验区和河北雄安片区重点发展高端高新产业，如数字经济、高端服务业、生物技术、新一代信息技术等；河北的正定片区和大兴机场片区、天津机场片区基于航空方面的区位优势，重点发展航空物流、新一代信息技术等高端产业；河北的曹妃甸片区和天津的港片区基于港口的区位优势，重点发展航运物流、国际大宗商品贸易等产业；北京国际商务服务片区和高端产业片区、天津的滨海新区中心商务片区重点发展金融等高端服务业。三地自由贸易试验区功能定位存在同质化现象，尚未形成区域间分工互补、上下游联动配套的产业协同发展格局，市场化力量偏弱，再加上三地对人才、资金等要素资源集聚能力不同，造成资源配置效率偏低。京津冀三地自由贸易试验区功能划分情况见表4-1。

表4-1 京津冀三地自由贸易试验区功能划分情况

地区	片区	功能划分
北京 自由贸易 试验区	科技创新片区	重点发展新一代信息技术、生物与健康、科技服务等产业
	国际商务服务片区	重点发展数字贸易、文化贸易、商务会展、医疗健康、国际寄递物流、跨境金融等产业
	高端产业片区	重点发展商务服务、国际金融、文化创意、生物技术和大健康等产业
天津 自由贸易 试验区	港片区	重点发展航空和航运物流、融资租赁、国际贸易等现代服务业
	滨海新区 中心商务片区	重点发展以金融创新为主的现代服务业
	机场片区	重点发展新一代信息技术、航空航天装备制造等高端制造业，以及航空物流、研发设计等生产性服务业
河北 自由贸易 试验区	雄安片区	重点发展新一代信息技术、现代生命科学和生物技术、高端现代服务业等产业
	正定片区	重点发展临空产业、生物医药、国际物流、高端装备制造等产业
	曹妃甸片区	重点发展国际大宗商品贸易、港航服务、能源储配、高端装备制造等产业
	大兴机场片区	重点发展航空物流、航空科技、融资租赁等产业

资料来源：整理相关资料所得。

（五）三地自由贸易试验区缺少供应链数字化方面的机制保障

从国内自由贸易试验区的发展经验看，厦门自由贸易片区是全国自由贸易试验区层面较早提出建设"数字自由贸易试验区"理念的地区。2021年，厦门自由贸易片区出台《厦门片区打造数字自贸试验区三年行动方案》《福建自贸试验区厦门片区促进数字化发展的若干措施》，对开展数字供应链管理、智慧物流仓储、智慧港口、智慧监管等数字化、信息化提升的企业进行补贴，通过供应链人才培育、供应链数字化模式创新等帮助企业实现更高水平的供应链数字化管理、促进产业链降本增效。京津冀三地自由贸易试验区虽提出了推动供应链数字化发展的相关措施，但尚未形成较为规范和完善的政策文件。北京自由贸易试验区提出在基础条件好、具备数字化实施经验的地区建立数字化产业园区，利用数字化手段重塑和完善产业链、供应链；天津自由贸易试验区提出打造"数仓+区块链+金融服务"的综合服务体系，以物联网、区块链、大数据等新一代信息技术助力供应链金融发展；河北自由贸易试验区提出推动供应链与互联网、物联网深度融合，强化人工智能等新技术、新模式应用，建设跨行业、跨领域的供应链协同、交易和服务示范平台，推动区域供应链一体化发展。

（六）三地自由贸易试验区缺乏明确的绿色金融发展机制

绿色金融是自由贸易试验区供应链建设的重要方面。目前，京津冀三地自由贸易试验区尚未建立统一的绿色金融标准体系。由于部分片区开展绿色金融业务的法律法规尚未完善，金融机构缺乏有效激励绿色金融创新发展的机制，导致绿色企业面临融资困境。此外，一些企业缺乏绿色金融融资工具，因为自由贸易试验区内绿色金融发展标准体系、评价体系、法律法规等相关支持政策尚未完善。同样需要加强的是科技成果转化体系和绿色技术环境效益评估体系。信息披露方面，三地自由贸易试验区存在不完善的情况，缺乏标准统一的绿色金融信息共享机制。对绿色项目的标准和界限的认定比较模糊，部分企业环境信息披露不规范、不全面、不及时，难以满足利益相关方对企业环保资质信息的需求。企业自身涉及环保信息不真实、绿色发展未达到相关标准、绿色信贷资质不符合银行要求等不完善的信息披露现象，阻碍银行机构对企业环保资质审核流程，影响企业获取绿色信贷或其他绿色优惠政策，使区域绿色金融业务发展效率低下。因此，自由贸易试验区内需要加强信息披露，建立标准化的信息共享机制，以促进区域绿色金融业务的发展。

五、自由贸易试验区在创新生态营造方面存在的问题

(一)人才引进程序较复杂,专业引进渠道不通畅

京津冀三地自由贸易试验区设立之初,各方面资源均较为薄弱,人才引进和资源流动方面仍存在问题亟须优化,若无法有效吸引高端人才聚集,留住专业人才,实现人才要素高效流通,则自由贸易试验区的创新能力提升方面将会面临较大的阻碍。一是人才引进政策不够统一化、简明化和弹性化。三地自由贸易试验区目前缺乏贯穿各片区的统一化人才政策且政策的简明程度、柔性程度有待提升。以北京自由贸易试验区为例:目前北京自由贸易试验区正在探索制定分层分类人才吸引政策,试点开展外籍人才配额管理制度,探索推荐制人才引进模式。但比起海南自由贸易试验区全港统一的人才激励政策和上海自由贸易试验区的"一件通"薪酬购付汇服务,北京自由贸易试验区的人才政策仍需要进一步实现一致化、简约化。二是对于境外人才,特别是境外专业人才的引进开放度和便利度仍需提高。三地自由贸易试验区对外籍人员工作许可的负面清单管理制度不够完善,人才申请永久居留对象范围应当扩大,放宽免签入境渠道应进一步增加。天津自由贸易试验区在紧缺外籍专业人才的引进上虽已放宽工作经验、年龄等方面的条件限制,北京自由贸易试验区也已优化外国人来华工作许可、居留许可审批流程,但在紧缺专业人才的梳理跟踪方面,京津冀三地自由贸易试验区仍缺乏行之有效、因地制宜的清单制度,也缺乏对于境外紧缺人才进入自由贸易试验区的绿色通道,不利于三地自由贸易试验区弥补各类专业人才和复合型人才不足的缺陷。三是缺乏人才流动和资源培育共享方面的机制政策。三地自由贸易试验区在促进人才流动和人才资源共享方面缺乏有关的政策和人才保障制度体系;缺乏有效的人才科创模式,不利于高校、科研院所等地区培养科创型人才,在人才资源共享、高等院校与科研机构人才一体化方面发展尚不完善。

(二)创新型小微企业融资困难,投资市场准入机制仍需完善

当前,三地自由贸易试验区基本存在对小微企业和创业者的投资服务不到位、对境内外投资的市场准入门槛过高等问题,若自由贸易试验区的投资

融资不够便利，将导致创新企业发展困难，创新潜能难以有效释放。一是缺乏贴近创新者、创业者的风险投资系统和创业培养环境。三地自由贸易试验区在外资准入方面均实行了负面清单管理制度，推动健全外商投资机制，进一步降低投资准入门槛，有效加大了引资力度。但自由贸易试验区内缺乏贴近创业者特别是小微创业者的风险投资系统，不利于小微企业成长；在风险分担、降低税负、资金募集、股权交易等领域的政策创新力度也较薄弱，缺乏风险投资人才的引进和培养，难以建立帮助创业者实现成功的培养指导环境，无法为创业者提供更多指导和辅助支持，不利于创业者成长。应学习上海自由贸易试验区建立贴近创新者、服务草根创业的风险投资系统，鼓励社会力量参与，支持草根型风险投资的成长。二是市场准入门槛仍较高，三地自由贸易试验区步调不一致。广东自由贸易试验区通过施行"一口受理、统一在线申报、后台并联审核"的外资准入管理模式，探索拓宽企业登记"多证合一"范围，推进"一照一码"营业执照加载海关备案信息工作，并实施"证照分离"改革试点，进一步降低企业投资门槛。对比广东自由贸易试验区在降低市场准入门槛方面的做法，京津冀三地自由贸易试验区均缺乏具体的政策措施和有效的管理模式，仅天津自由贸易试验区研究了适当降低对境外投资者资质要求、股权比例、业务范围等方面的准入限制，但有关的制度模式仍不完善。

（三）创新孵化服务体系不完善，创新生态空间发育不足

在建设自由贸易试验区过程中，创新孵化器和创新创业载体为新创企业提供设施和服务支持，为企业创新发展提供基本保障。但目前，三地自由贸易试验区创新孵化体系仍不完善，尚未形成完整的创新孵化链条，自由贸易试验区内创新载体功能不足，创新生态系统不完善，可能会导致创新创业载体角色失衡、创新孵化失败率高等问题。一是创新服务体系仍需优化，缺乏完善的全产业链的创新孵化体系。从其他自由贸易试验区试点情况来看，川渝自由贸易试验区协同开放示范区通过结合各类高校、科研机关等主体，搭建产业研究协同、创新、融合的资源网络，将这些主体、企业作为创新孵化器，强化"实验室—孵化器—加速器—专业园区—创业企业"整个孵化链条的功能。三地自由贸易试验区虽提出要支持发展众创空间、创业基地，促进科技企业孵化器发展，但也只是停留在条例草案阶段，有待进一步落实实施；

有关差异化孵化服务的政策覆盖范围也较小，仅限于跨境电商企业培育。此外，三地自由贸易试验区均尚未形成较完整的创新孵化服务体系，新创企业难以在自由贸易试验区内获得全链条式的创业资源支持。二是未重视自由贸易试验区内宜居创新生态空间的营造。通过借鉴国内外其他自由贸易试验区的建设经验可知，宜居生态空间是除创业孵化体系外另一创新培育的基础要素。相比于硅谷在设计新经济相关孵化器或总部建筑时所强调的"生态""宜居""公园城市""以人为本"等理念，以及高品质创新创业生态系统的打造，三地自由贸易试验区相对缺乏生活宜居和配套基础设施的建设，应进一步突出生态城市空间的打造，为创新提供坚强的后勤保障。

（四）企业间创新互动渠道不通畅，创新资源共享机制不完善

不同于其他自由贸易试验区，三地自由贸易试验区联动建设必须考虑三地之间的协同发展。区域之间协同创新的主体是企业，企业创新互动越频繁，和其他企业之间交流越密切，要素的跨区域流动就会越便利，区域之间的沟通协作也会越顺畅，越能推动区域创新实现协同发展。但目前，三地自由贸易试验区仍存在创新互动不足、企业间创新资源流通不畅、无法有效推动区域创新协同发展的问题。三地自由贸易试验区内虽已推动建立相关科技成果转化平台和有关境外合作的服务平台，但三地之间仍缺乏能够进行创新资源交流的共享平台。三地自由贸易试验区缺乏像川渝自由贸易试验区协同开放示范区涵盖信息共享机制、利益激励机制、创新资源整合机制、监督管理机制的科技创新资源共享机制，创新企业无法在三地自由贸易试验区内更好地实现创新信息交流和资源获取共享，会导致创新资源利用率低，不利于三地创新协同发展。应当推动三地自由贸易试验区共建创新平台，引导平台发挥资源集聚作用，带动区域科技创新协同发展。

六、自由贸易试验区在协同机制共建方面存在的问题

（一）制度创新的系统性、集成性不强以及改革创新自主权不足

三地自由贸易试验区在推动政策共用的过程中，制度创新的系统性、集成性有待提升。从国内推动自由贸易试验区政策共用的试点区域来看，基于

中央对浙江自由贸易试验区的战略定位考虑，浙江省借助自身优势进行差别化探索，在油气产业高质量开放发展方面进行了积极的探索，自由贸易试验区试点工作取得明显成效，商务部与浙江省人民政府等有关部门提出的《关于支持中国（浙江）自由贸易试验区油气全产业链开放发展的若干措施》获国务院批复同意。通过在某些特定产业领域进行系统集成创新，浙江自由贸易试验区有效推进了国内自由贸易试验区差别化的探索，进一步为自由贸易试验区高质量开放发展找寻新路径。京津冀三地自由贸易试验区在实践过程中都存在"总体方案"和"深化改革方案"落实推进不均衡的问题，缺少集成化开放政策体系，围绕重点产业和关键要素深化全产业链改革、全环节开放的探索还不足，目前政策突破偏碎片化，改革系统性、集成化不够，缺少一批具有战略性、系统性的开放政策集成创新，实现"1+1+1>3"的政策突破能力有待提升。

三地自由贸易试验区在推动政策共用的过程中，其制度创新的"自主权"有待下放。从国内其他自由贸易试验区的试点情况来看，自川渝启动自由贸易试验区协同开放共建以来，两地自由贸易试验区之间实现了信息交流和互动的加强，呈现出全面发力、多点突破和蓬勃发展的良好态势。例如，重庆的两江、西永以及果园港片区加强了与四川天府、高新、青白江和泸州等自由贸易试验区的合作，共同实施多式联运"一单制"等重大制度创新，积极推动重点产业、重大项目和园区的合作。这种合作形式已经成为两地自由贸易试验区间的常态，为推动全区经济协同发展注入了强大动力。

但在具体推进过程中也面临改革赋权授权不足的问题，阻碍了各领域改革事项在协同开放示范区先行先试。具体到京津冀三地自由贸易试验区来看，各自由贸易试验区要复制其他某个自由贸易试验区的先行先试政策、制度创新成果等，往往需要征得相关职能部委同意，或待国务院明文通知后方可执行，目前还处于起步探索阶段，审批权限下放领域和范围尚无法满足三地自由贸易试验区政策共用的要求，另外在审批权下放过程中还存在着赋权单位、具体承接的路径尚不明确的问题。

（二）缺乏针对京津冀三地自由贸易试验区间产业协同的制度创新

三地自由贸易试验区在推动产业共建的过程中缺乏针对自由贸易试验区间产业协同的制度创新。自由贸易试验区各片区基于自身的产业基础与产业特色，对自由贸易试验区间的产业协同创新及政策创新进行深入探索，进一步复制、推广到京津冀范围内，这也是自由贸易试验区成立的意义。目前，自由贸易试验区政策的实施目的是促进京津冀范围内的协同发展，但在三个自由贸易试验区之间，有关产业协同方面的制度创新相对较少。自由贸易试验区并未充分发挥其独特的优势来推动产业进一步协同。因此，需要加强三地自由贸易试验区间的交流与合作，探索更多的制度创新和合作机制，进一步推进产业协同发展。同时，这种合作方式将为自由贸易试验区带来更广阔的发展前景，并为京津冀地区经济的整体发展做出更大的贡献。

三地自由贸易试验区在推动产业共建的过程中，重点产业同构加剧了区域资源要素竞争。从国内其他自由贸易试验区的试点情况来看，为实现资本、人力、技术、信息资源的充分组合利用，成都天府新区片区与青白江铁路港片区签订了战略合作协议，双方将以各自的优势为基础，在区域通关政策、便捷交通环境、现代物流信息等方面实现资源共享，为企业进出口提供便利的国际运输通道和口岸通关便利化服务。同时，双方还通过加强人员的经验交流，共享人才资源，进一步加强战略合作。这种战略合作有助于双方优势互补，形成更加完整的产业链，推动区域经济的发展，也为企业提供了更加便捷的物流和通关服务，为自由贸易试验区内企业的发展提供更好的保障。

应推动区域产业的协调发展。从三地自由贸易试验区总体方案来看，三地自由贸易试验区皆致力于落实发展高端产业的要求：北京自由贸易试验区借助创新优势进一步发展新一代信息技术、生物与健康等产业，天津自由贸易试验区利用良好的制造业基础发展装备制造和新一代信息技术等高端制造业，河北自由贸易试验区在夯实制造业基础上发展新一代信息技术和高端装备制造等产业。三地自由贸易试验区对高端生产要素的需求促使高端生产要素快速集聚，加剧了三地自由贸易试验区的同质竞争。因此，应着力推动区域产业的协同发展，减少同质竞争。

（三）缺乏统筹规划与协调机制以及信息安全机制

三地自由贸易试验区在推动信息共享的过程中，缺乏有关数字经济的统筹规划与协调机制。在统筹规划方面，三地自由贸易试验区缺乏有关数字经济协同建设方面的全面统筹规划，各自为政、重复建设的问题依然存在，并且缺乏区域核心竞争力。北京自由贸易试验区重点关注数字贸易交易规则、统计监测、国际数字产品相关知识产权保护制度建设的探索等；天津自由贸易试验区以数据产业化为创新方向，推进数据存储、开发应用和产业化试点探索；河北自由贸易试验区雄安片区将致力于进一步推动数字商务发展示范区建设，积极推动高端数字化贸易业态的蓬勃发展，诸如大数据交易、数据中心和数字内容的深入挖掘等。在协调机制方面，从国内其他自由贸易试验区的发展经验来看，长三角自由贸易试验区成立了自由贸易试验区智库合作联盟，以智库交往带动研究交流，实现资源、信息和成果共享，为加强自由贸易试验区理论创新和实践创新提供发展方案和政策措施。从京津冀三地自由贸易试验区对数字贸易的现有政策来看，三地自由贸易试验区都在探索数字经济和数字贸易的发展体系，而三地自由贸易试验区尚缺乏协同机制，难以形成统一的数字经济统计体系，不利于数字经济的规模测算、纵横对比，以及数据共享、开发和利用。

缺乏信息安全机制保障。从国内其他自由贸易试验区的发展经验来看，上海自由贸易试验区临港新片区在制度体系建立过程中强调数据的有效流动和信息的跨时空联通，聚焦集成电路、人工智能、生物医药和总部经济等关键领域，试点开展数据跨境流动的安全评估，建立数据保护能力认证、数据流通备份审查、跨境数据流通和交易风险评估等数据安全管理机制。三地自由贸易试验区的信息资源在各部门的发展规划中发挥着重要作用，在信息交流交换与互联互通的过程中，信息安全保密对于三地自由贸易试验区之间信息共享机制建设亦是至关重要的一环。

（四）缺乏联动监管机制以及司法保障机制

三地自由贸易试验区在推动机制共建的过程中，联动创新机制尚未形成。从其他国内自由贸易试验区的试点情况来看，长三角地区的一市三省自由贸易试验区初步表现出了各自地域内联动创新的协同效应。江苏、浙江和安徽高度重视地区内自由贸易试验区联动创新的发展，并且已经取得了显著的成效。江苏已经批准了 57 个联动创新区，通过加强自由贸易试验区与经济开发区、高新区、保税区等平台的联动发展，推动改革联动带动更广泛范围的改革创新，促进了改革开放的全省全域协同。浙江则注重复制推广舟山、宁波、杭州、金华等四个自由贸易片区的改革经验，并且在产业、项目、人才等方面加强了自由贸易试验区与温州、嘉兴、台州等联动创新区的深度合作，共同探索合作机制和推动发展的路径。此外，安徽也在积极探索自由贸易试验区与经济特区、开发区等联动创新的新路径，协同开展制度创新并协同推动开放发展，不断深化各领域的合作，推动区域贸易的高质量发展。在上海自由贸易试验区的带领下，长三角一市三省的自由贸易试验区建设已取得明显进展。然而，为应对高水平的"开放雁阵"要求，长三角自由贸易试验区在联动创新发展方面仍存在机制不够健全的问题。长三角一市三省自由贸易试验区联动创新发展的共建共享制度，特别是利益协调分配机制，仍需要进一步完善。上海自由贸易试验区已起到了带动作用，将继续发挥积极作用。然而，长三角自由贸易试验区面临的挑战是如何应对"一体化"的高要求，以及如何打造高水平的"开放雁阵"。尤其在联动创新发展方面，长三角自由贸易试验区的机制还不够健全，其中包括长三角一市三省自由贸易试验区联动创新发展的共建共享制度。值得注意的是，利益协调分配机制还需进一步完善。而三地自由贸易试验区要打造成为协同创新高地、开放先行区和高水平对外开放平台，同样面临联动创新发展机制不健全的问题，尚未形成自由贸易试验区"一地创新、三地互认""一地生效、三地同效"的联动机制。就利益共享而言，面对产业转移所带来的利益增长，三地自由贸易试验区之间往往会产生税收争夺等矛盾，导致利益分配不均。此外，在风险共担方面，对于搬迁企业所需的厂房建设、工人安置、土地租赁、基础设施建设等园区建设费用，三地自由贸易试验区尚未建立一套可持续的分担机制，这可能导致实际问题得不到妥善解决。因此，在产业转移的背景下，三地自由贸易试验区需要加强协调，制定更加完善的利益分配和风险共担机制，以确保转移落地过程中各方面的实际问题得到妥善解决。

三地自由贸易试验区在推动机制共建的过程中，尚未形成多元参与、职责清晰的监管机制。从国内其他自由贸易试验区的试点情况来看，在监管体系领域，上海自由贸易试验区在监管体系方面积极探索，推动"形成行政监管、行业自律、社会监督、公众参与的综合监管体系"，并制定出台了促进社会力量参与市场监督的政策文件。2014年9月，自由贸易试验区内的企业、行业协会、商会、基金会、民办非企业单位、专业服务机构等组成的"社会参与委员会"成立，该组织是企业和社会多种力量共同参与自由贸易试验区建设和市场监督的交流平台，也符合《中国（上海）自由贸易试验区条例》有关规定。这一做法有助于建立更为完善的监管体系，增强市场监管的公正性和透明度，促进自由贸易试验区的创新和发展。在重点领域监管方面，上海自由贸易试验区在监管方面重点关注投资、贸易、金融、网络和生态环境等领域，进一步完善了外商投资安全审查、反垄断审查、行业管理、用户认证和行为审计等管理措施，以实现严格、精准和有效的监管。在社会信用管理方面，上海自由贸易试验区将建立健全社会信用体系作为推进事中事后监管的重要任务之一，借助上海市公共信用信息服务平台建立自身的公共信用信息子平台，"并形成了事前诚信承诺、事中评估分类、事后联动奖惩的信用管理模式"；此外，通过创建经营异常名录和出台配套惩戒措施来落实企业主体责任，督促企业加强自律，自觉遵守和维护市场秩序。根据京津冀三地自由贸易试验区现有政策，公众和社会组织参与市场监督的路径、制度和参与机制仍需进一步探索。其中，相关举措包括建立完善制度，向第三方专业机构购买监管服务，以及提高政府部门信用数据向社会开放的程度等。这些举措都有利于提高社会监督的力度和广度。

三地自由贸易试验区在推动机制共建的过程中，司法保障机制不健全。从国内其他自由贸易试验区的试点情况来看，重庆两江新区法院（重庆自由贸易试验区法院）与四川天府新区法院（四川自由贸易试验区法院）签署了《川渝自贸区法院合作共建协议》，以促进裁判尺度统一。在知识产权方面，长三角自由贸易试验区联盟深化中国（浦东、杭州、南京、合肥等）知识产权保护中心集快速授权、快速确权、快速维权于一体的协调联动机制，依托中国（上海）自由贸易试验区版权服务中心推动公共版权服务创新，强化长三角自由贸易试验区知识产权保护功能；川渝两地法院共同签署了《川渝自贸区知识产权司法保护合作备忘录》，在定期交流、跨域合作、统一裁判、多元保护、学术交流等五个方面达成合作，还统一了川渝两地的知识产权保护司法裁判标准，进一步加强自由贸易试验区知识产权案件跨域程序协作。当前，京津冀三地自由贸易试验区的知识产权保护法律框架还存在缺陷，尤其在专利、商标和版权等方面的行政管理和执法机制不够健全。三地自由贸易试验区的司法机关和执法部门在知识产权保护领域的合作还不够密切，执法力度也有待加强，知识产权保护的效果还不够理想。

七、自由贸易试验区在政务服务协同方面存在的问题

(一) 缺乏健全的管理体制及完善的监管方式

从实践情况看,三地自由贸易试验区缺乏健全的管理体制及完善的监管方式,管理架构及管理模式没有理顺,存在多头管理以及行政级别束缚的情况,导致深层次制度创新因涉及不同利益部门或级别权限不足而遇到较大阻碍,存在"总体方案"和"深化改革方案"落实推进不均衡的问题。单个部门的改革创新进展很快,而跨部门的改革创新进展较为缓慢。

三地自由贸易试验区政策措施和制度集成的不足,导致职能转变以及与之相配套的体制创新不够完善,并且部分领域的制度创新力度不够,配套政策措施积极落实力度还有所欠缺,配套政策措施存在滞后问题,体制机制改革创新伴有"碎片化"现象。由于河北自由贸易试验区、北京自由贸易试验区发展处于探索阶段,功能实施较晚,事中事后监管体系还不完善,虽然在简政放权的过程中取消了一些项目的前置审批,但对这些项目的中后期监管仍未得到有效的执行;同时,还未建立起社会信用体系大数据、企业年度报告公示数据等方面的信息共享、共离机制。

三地自由贸易试验区"不见面"审批、"一站式"服务功能需进一步优化完善,让数据完全代替群众"跑腿"尚未有效落实,"群众满意度"有待提高,营商环境未实现从信息化到智能化的转变,缺乏全方位的智能化场景及围绕减材料工作打造的智能服务专区,工作场景有待拓宽,企业办事效率有待进一步提高;尽管商品、服务和要素跨境流动在某些方面取得了便利,但一些制度性障碍仍然存在。部分审批事项环节冗杂烦琐、审批时间耗费较长,政府服务意识不够强,因此企业的获得感有待进一步提高,即对标成熟地区的发展还存在一定差距。

(二) 政务服务"跨省通办"生态联盟模式、社会信用体系和奖惩联动机制尚不完善

三地自由贸易试验区的政策规章不对接、管理机制不协调、服务民生不便捷、信息交流不通畅等现实问题仍然存在。以区块链可信安全数据为基础

的"全流程、全覆盖、全时段、全周期"政务服务"跨省通办"生态联盟模式有待进一步完善，并且缺乏有效满足民生实事、营商创业等方面需求和解决市场主体关注的热点、难点、痛点问题的实现机制。

三地自由贸易试验区各市场监管部门的数据链条还未打通，企业主体信用数据缺乏有效整合，京津冀三地自由贸易试验区统一的社会信用服务系统尚未建成，缺乏统一的社会信用体系和奖惩联动机制；多种主体共同参与的综合性市场监督管理的基本制度框架尚未形成，三地自由贸易试验区尚未实现"社会共治共建"的模式，由于缺乏企业年报制度公示、社会信用体系和社会力量参与市场监督等制度建设，因此尚未形成政府、企业、社会组织、媒体和公众等多种主体共同参与的综合性市场监管管理模式。自助端、移动端系统平台对接方面及审批交叉授权、审批互信机制等方面还存在较大的探索和优化完善空间，政务服务领域一体化联动有待加强。

（三）缺乏健全的执法信息互联互通保障机制

三地自由贸易试验区在信息共享、案件协查、处罚标准等方面的执法协作问题缺乏深度交流合作，执法案件移送办理流程比较烦琐，相应的流程简化还未有效落实。三地自由贸易试验区缺乏信息共享和综合执法制度，在信息互联互通方面，自由贸易试验区信息共享、互联互通和服务平台的有效建设不足。

在综合执法方面，目前缺乏有效的各部门联动执法、协调合作机制；同时，网上执法办案系统和联勤联动协调合作机制建设尚未得到有效落实，这给解决权责交叉和多头执法问题带来了阻碍。综合监管与专业监管尚未充分结合，导致监管效能提升略显不足。尤其是监管执法人员在知识结构和心理适应等方面存在不同程度的问题。

在监管资源的配置方面存在明显的信息不对称等问题，在某些专业性较强的监管领域，监管主体和监管对象之间可能存在知识、信息和专业方面的不对称，这在一定程度上制约了监管水平的提高。自由贸易试验区综合执法监管体系建设进程缓慢，尚未有效解决多头执法和重复执法的问题。政府的执法监管方式、能力和水平有待进一步提高。与上海自由贸易试验区相比，京津冀三地自由贸易试验区在利用现代信息技术支持综合执法监管方面还存在较大差距。

(四) 在企业营商环境建设方面有待进一步突破行政壁垒

三地自由贸易试验区在市场准入、质量检验、投资交易、投资优惠、税收数据协同共享等方面存在诸多行政壁垒，三地自由贸易试验区各管理部门可能存在独立运作的情况，导致系统之间难以兼容，进而影响资源整合。单个自由贸易试验区所涉及的政务信息系统较多，这使得跨部门信息协同变得不易实现，进而降低了政务管理和服务效率。此外，数据共享的流程机制也需要进一步完善。当前，三地自由贸易试验区的税收优惠政策尚未具备足够的吸引力，这影响了其吸引国际高质量资源的能力。同时，在进口环节，三地自由贸易试验区的关税和增值税减免范围以及减免幅度与国际自由贸易试验区普遍做法相比仍存在一定差距。在税收优惠方面，三地自由贸易试验区的税制较为复杂、税率较高，在降低税率、简化税种、延长征缴税期等方面缺乏相应的制度安排。

资金、技术、人才、信息数据等要素资源在区域内自由流动存在明显不足。京津冀三地自由贸易试验区税收征管协同程度不高，税收数据、信息互动受到限制，信息互联互通、共享共用面临一定程度的阻碍，缺乏跨部门、跨层级、跨区域的信息共享，难以构建以信用为核心的新监管模式；缺乏健全的数据共享协调机制，数据共享、供需对接的规范程度及数据共享的运行检测有待加强。在招商引资和人才吸引方面，三地自由贸易试验区间可能存在同质化竞争，实际成效受到一定限制；同时，三地自由贸易试验区开放力度不大和缺乏高透明度使其自身没有对外资企业形成足够的吸引力，也没有令广大的民众从自由贸易试验区成果中体验到充足的获得感。

第五章 他山之石

京津冀三地自由贸易试验区的联动发展肩负着新时期引领我国开展经贸合作、高水平开放的重要使命。本研究以打造制度型开放标准体系为目标，在充分借鉴美国自由贸易区、迪拜自由贸易区、鹿特丹自由贸易港、新加坡自由贸易港、纽约港等国际先进自由贸易试验区、自由贸易港，以及香港自由贸易港、长三角自由贸易试验区联盟、川渝自由贸易试验区协同开放示范区、黄河流域自由贸易试验区联盟等国内自由贸易港、自由贸易试验区典型经验与模式的基础上，力求推动区域全面经济伙伴关系协定（RCEP）、全面与进步跨太平洋伙伴关系协定（CPTPP）、数字经济伙伴关系协定（DEPA）、中欧全面投资协定（中欧CAI）等国际经贸规则率先在自由贸易试验区内开展试点，在三地落地率先实施。寻找他山之石，旨在为京津冀三地自由贸易试验区的联动发展寻找新的着力点。

一、提升贸易便利度的经验做法

（一）高效的物流体系

在国际方面，新加坡自由贸易港拥有十分便捷的交通条件，纵横交错和四通八达的公路、铁路和航空运输网络，极大地方便了港口与腹地的联系，成功打造了港口与腹地城市的综合功能网络，实现了集装箱从港口直达内陆，也因此吸引了许多国际物流公司在此设立全球或地区总部，进一步促进了国际货物的高效转运。例如，樟宜国际机场自由贸易区24小时全天候运作，全部装卸搬运设备十分完善且效率很高，可以实现1小时内将货物从机场送达收货人手中。鹿特丹自由贸易港凭借独特的地理优势条件，构筑起健全高效的多式联运体系和四通八达的交通网，拥有完善的由港口公路、铁路、航运、海运、内河、管道和城市交通系统组成的集疏运系统。一方面，发达的腹地运输网络连接起码头、临港工业区和市区，铁路可直达港口作业区，使得海铁联运无缝衔接；另一方面，四通八达的交通网能直达欧洲内陆，使得鹿特丹自由贸易港的货物可在 24 小时内运抵北欧，8 至 10 小时内运抵巴黎，送达鲁尔和比利时工业区则耗时更短。此外，鹿特丹自由贸易港还建立了专职机构以提高港口效率。例如，设立荷兰国际配销委员会（HIDC），与其他政府部门相互合作，服务于来自世界各国的跨国公司，以吸引更多企业在港内设立国际配销中心。

在国内方面，川渝自由贸易试验区协同开放示范区持续推动中欧班列的发展，通过与重庆国际枢纽物流园、成都国际铁路港，以及陕西、湖北、广西等铁路口岸多方联合，共同建设国际货运集散效率提升平台，打造中欧班列集结中心，推动海外仓共建。长三角自由贸易试验区联盟依托中欧班列集结中心、国际航空货运集散中心，联合打造长三角国际航空快件中心，建设国家陆港型物流枢纽，打造芜湖—东盟班列始发站。黄河流域自由贸易试验区联盟充分发挥黄河流域东部海港和中西部内陆开放新高地优势，持续开展海铁联运、河海联运和集装箱联运等多种运输方法，促进海、河、陆、空港口的互联互通，提升内陆港口的建设速度，大力发展飞地经济，打造功能完备、高效便捷、立体互联的黄河沿岸物流运输途径；加快建设"通道+枢纽+网络"的现代物流运行体系；完善中欧班列双向常态化运行机制，促进黄河沿岸以及"一带一路"大通道运输效率和服务水平的提升，共同建设东接日韩、西联亚欧、南通东盟、北达蒙俄的国际物流大通道。香港自由贸易港有发达的公路、铁路、航空、管道以及水运航道，水、陆、空等多种运输方式扩大了自由贸易港的物流辐射范围。在构建高效物流体系方面，香港自由贸易港还专门成立物流发展督导委员会和香港物流发展局两个机构，为物流产业的发展提供良好的机构保障。

（二）通关一体化效率

无纸化贸易是贸易便利化措施中的关键环节。DEPA、RCEP 和 CPTPP 均规定各缔约方应努力以电子方式向公众提供贸易管理文件，并承认电子文件的法律效力。新加坡自由贸易港在 1989 年就推出了世界上第一个用于贸易文件综合处理的全国性 EDI 网络 TradeNet，与进出口贸易有关的申请、申报、审核、许可、管制等所有手续都经由该贸易网办理，成功实现了政府部门、货运代理、船东和航运公司之间的无纸化沟通，商家通过电脑终端完成全部通关手续的耗时不超过 10 秒，集装箱通过港区大门仅需 25 秒，极大地压缩了货物通关时间①。鹿特丹自由贸易港一直重视数字技术的应用，通过"数字+港口"的智慧港口建设，最大限度提供高效便捷服务与通关效率，如：在 20 世纪 90 年代初期就建成全球首个全自动化集装箱码头；通过 Portabillity 应用程序实行港口费的数字申报；通过 Timetobunker 应用程序提高加油电子申报的效率；利用 Portbase 信息平台安排海关申报的数字预登记，进一步整合港口服务资源，打通上下游数据流，极大地降低了货物通关时间。此外，鹿特丹海关提供 24 小时全天候通关服务，先存储后报关、以公司账册及存货数据取代海关查验，通过缩减审批时间等贸易便利化措施实现高效便捷。香港自由贸易港通关程序十分便利，除特定商品外均无须报关，而对于需要报关的特定商品，承运人也仅需在商品进出口两周内向海关呈报货物的付运资料和报关单。此外，香港海关还推出了一系列高效便捷的报关和通关措施，如"海易通计划""认可经济营运商计划"等，极大地简化了报关通关流程，提高了通关效率。纽约港也实施了诸多贸易便利化措施，以实现通关程序的便利和高效。例如，港内企业全天候 24 小时无限制通关，通关记录一周仅需报告一次等。为促进货物快速通关，RCEP 和 CPTPP 都规定要进行抵达前处理，普通货物尽量在抵达 48 小时以内放行，对快运货物、易腐货物等，争取在货物抵达后 6 小时内放行。此外，RCEP 还专门向满足规定标准的经营者（经认证的经营者）提供与进口、出口或过境手续和程序相关的额外的贸易便利化措施，便利货物更快放行。

（三）海关及口岸联动

从海关协同模式来看，川渝自由贸易试验区协同开放示范区在工作机制方面不断创新，建立海关监管制度协同创新工作机制，联合推出众多协同创新举措，跨区域创立"关银-KEY 通"川渝一体化模式，推动电子口岸用户的认证服务实现跨关区通用办理；成渝海关开展外贸数据共享，建立统计数

---

① 蓝庆新，韩萌，马蕊. 从国际自由贸易港发展经验看我国自由贸易港建设 [J]. 管理现代化，2019，39（2）：35-39.

据定期交换共享机制。粤港澳自由贸易试验区聚焦于粤港澳大湾区机场群、深圳西部港口群等口岸集群，充分利用中欧班列等核心要素，在前海湾保税港区综合运用"跨境快速通关""先入区、后报关"等便利通关的举措。长三角自由贸易试验区联盟推动"单一窗口"在长三角国际贸易中的建设与应用，探索通过在全流程范围内的物流信息互联互通，促进海关逐步实现跨区域监管互认，推进申报工作跨区域进行；推动港航、航空物流等信息全流程采集共享；聚焦集成电路等重点领域，推动减免税进口科研设备跨关区共享使用，在此过程中数字化手段极大提升了海关监管效能。黄河流域自由贸易试验区联盟促进空、铁、海、陆港口联动发展，聚焦于海铁联运的创新与发展；注重海关之间的合作交流、经验分享与推广，不断强化海关"11+1"黄河流域关际一体化合作交流，加快向黄河沿岸地区复制推广青岛海关"陆海联动、海铁直运"的新发展模式，持续深入与"一带一路"沿线国家和地区海关开展合作，共同建设国际开放大通道。

从口岸联动模式来看，川渝自由贸易试验区协同开放示范区开通两地企业登记绿色通道，建成投运"川渝通办、温巴直通"受理窗口，实现48项审批服务事项跨自由贸易试验区通办。长三角自由贸易试验区联盟依托"一带一路"技术交流国际合作中心和技术贸易措施企业服务中心，推动自由贸易试验区联盟检验检测认证认可和标准计量合作，为企业优质产品更便捷地"走出去"提供支持；通过推动张江跨境科创监管服务中心保税仓库逐步实现规模化运作，为长三角自由贸易试验区联盟范围内企业进行跨境研发提供一站式服务和集约化监管。川渝自由贸易试验区协同开放示范区跨区域推动两地企业跨区域"一站式"办理电子口岸业务。黄河流域自由贸易试验区联盟依托于西安国际港务区的建设，合力推进港口退税政策试点落地山东港口；不断释放山东港口全程供应链服务效能，完善内陆港口通关查验、全程提单、仓储分拨和代理服务等一系列综合服务功能；推动"一带一路"沿线物流分拨中心、园区和海外仓建设进程，畅通上海合作组织国家进入亚太市场的出海口和日韩商品进入亚欧大陆市场的通道，推动资源要素不断融合。

（四）服务业扩大开放

CPTPP对服务贸易的开放全部采用负面清单模式，要求各成员国除了限制或禁止开放的领域，应当以一般自由化措施予以全方面开放，并设置棘轮机制①使缔约方开放度"只进不退",推动服务贸易的自由化。RCEP 则采用正面清单和负面清单混合模式,以正面清单开放的缔约国也作出承诺,于协定生效后 6 或 15 年内逐渐步入负面清单开放模式,中国、泰国、新西兰虽以正面清单开放,却承诺了棘轮义务,以列表方式明确了未来进一步开放且无法回撤的部门,以锁定未来开放成果。中国在国际自由贸易协定中对服务业领域的开放不断扩大:在中欧 CAI 中,中国向欧盟作出了进一步开放的承诺,计划在健康(民营医院)、研发(生物资源)、通信/云服务、计算机服务、国际海运服务等领域对欧盟企业开放。在 RCEP 中,中国进一步加大服务部门的开放数量,在加入世界贸易组织(WTO)承诺约 100 个部门基础上又增加了 22 个服务部门,涉及管理咨询相关服务、制造业相关服务、专业设计、养老、体育娱乐、客运、市场调研、人员安置、美容美发、建筑物清洁、印刷等 11 个服务领域,同时,提高了 37 个服务部门的承诺水平,涉及法律、建筑工程、环境、保险、银行、证券、海运及相关服务、航空器维修和计算机订座系统服务、房地产服务、广告、软件执行服务、口译笔译服务等 12 个服务领域②。我国还对包括专业服务、计算机服务、速递服务以及运输服务等在内的 24 个分部门承诺未来推动进一步自由化。对于补贴的透明度,中欧 CAI 明确要求缔约双方对服务部门的补贴承担透明度义务,将补贴纪律从货物拓展到服务领域。川渝自由贸易试验区协同开放示范区启用新版"外商投资负面清单",拓宽了新能源汽车等制造业、电商等服务业的金融服务开放程度,吸引外商投资流向制造业和服务业,促进川渝自由贸易试验区协同开放示范区的汽车制造产业、先进服务业的发展,为川渝自由贸易试验区协同开放示范区创造巨大的发展机遇。

二、提升投资便利度的经验做法

(一)投资准入自由化

对于投资准入待遇,CPTPP、RCEP、中欧 CAI 都采用"准入前国民待遇+

---

① 棘轮最大的特点就是只能向前转动,不能向后退。因此,棘轮机制就是指开放的承诺一旦作出就自动锁定在更开放的水平,不能再回头。

② 于鹏,廖向临,杜国臣.RCEP 和 CPTPP 的比较研究与政策建议 [J].国际贸易,2021,40(8):27-36.

负面清单"模式，明确规定每一缔约方在投资的全生命周期阶段，包括设立、获得、扩大、管理、经营、运营、出售或以其他方式处置等阶段，均有义务在其领土内的投资方面给予另一缔约方投资者的待遇不得低于在相似情况下该缔约方给予本国投资者的待遇。新加坡自由贸易港在投资准入方面拥有非常高的开放度，对除国防等极个别特殊行业外的所有其他行业持完全开放的态度，不会对外资进入的投资方式有任何约束和限制，并且会通过各种激励措施吸引著名跨国企业总部进驻。香港自由贸易港对各行业领域的投资准入开放度也很高。一方面，不仅对外来投资企业实施与本土投资企业相同的待遇，而且对投资企业的企业属性、融资规模、控股比例等不做额外限制。另一方面，香港自由贸易港还允许私人投资者来港从事现行法律下允许的所有商业活动。此外，除交通、金融、医药等极少数行业的投资者要申领行业牌照外，其余行业并没有申领牌照的准入限制。海南自由贸易试验区出台的负面清单中统一列出国民待遇、市场准入、金融跨境贸易等方面对于境外服务提供者以跨境方式提供服务的特别管理措施。粤港澳自由贸易试验区推行负面清单管理制度、外商投资准入前国民待遇，在国际航运准入政策方面不断放宽，允许设立外商独资国际船舶管理企业，同时外商可以通过合资、合作等多种形式参与公共国际船舶代理业务，并且将外商最高持股比例放宽至51%。长三角自由贸易试验区联盟支持在江苏省建设国家级境外投资服务中心；境内外保险代理公司、保险经纪和保险评估公司等中介机构在符合相关政策条件的情况下，可以在自由贸易试验区内设立营业机构并依法开展相关业务。川渝自由贸易试验区协同开放示范区建立"市场准入异地同标"的便利化准入政策，联合实施"川渝通办"等一系列项目，使得多项政务服务在异地可以实现直通互办；利用川港、川澳合作会议机制，全力推动旅游业的开放合作；在"互联网+"健康服务方面不断鼓励和引导外资参与；通过充分发挥境外投资促进代表处、境外商务代表处职能，致力于世界前沿技术发展方向上的产业高质量发展，引进该方向的高新技术产业项目；加强与发达国家或地区在重点技术、高端技术等技术领域的技术引进和联合研究；支持中德、中法、中韩、中意、新川等国别产业合作园区建设。黄河流域自由贸易试验区联盟鼓励开展跨境人民币结算，深化本外币合一银行账户体系试点；探索为涉外重大投资合作项目项下人员提供出入境绿色通道，允许片区为符合条件的外籍高端人才办理外国人永久居留身份证出具推荐意见。

(二) 投资流程便利化

在投资促进方面，RCEP 规定缔约方应当通过鼓励缔约方间的投资、在两个或多个缔约方之间组织联合投资促进活动、促进商业配对活动、组织和支持举办与投资机会以及投资法律法规和政策相关的各种介绍会和研讨会等方式，吸引外商投资和扩大国际合作。新加坡自由贸易港在企业创办方面程序简单，且价格低廉，另外对企业注册资本的要求相对较低，也不会过度限制企业的生产经营活动，故吸引了众多世界著名跨国公司进驻。此外，新加坡自由贸易港还会通过各种优惠政策或提供便捷的金融服务等措施积极鼓励本土企业开展对外投资工作，并且为本地企业与大陆企业在海外投资中的相互合作提供公共服务，为促进本土企业的国际化提供强大支撑。香港自由贸易港的企业注册流程方便，耗时极短，相关证书基本可在收到网上申请 1 个小时内发出，纸质证书则可在 4 个工作日发出；同时，注册资本没有金额约束，企业仅需上缴 0.1% 的厘印税便能将申请资料送交香港公司注册处①。在投资便利化方面，RCEP 规定每一缔约方可通过以下方式便利缔约方之间的投资：简化其投资申请及批准程序；设立或维持联络点、一站式投资中心、联络中心或其他实体，向投资者提供帮助和咨询服务，包括提供经营执照和许可方面的便利；接受并适当考虑外商提出的与政府行为有关的投诉，以及在可能的范围内帮助解决外商和外资企业的困难②。上海自由贸易试验区率先实践"多证合一""先照后证，证照分离""单一窗口"等多项举措，进行商事登记简化改革，并建立事中事后监管体系。广东自由贸易试验区推行外资备案后置，基于系统对接实现协同申报及数据共享；建立清单管理制度，切实落实并优化涉企经营许可分类改革，大力度推动"照后减证"和简化审批。长三角自由贸易试验区联盟不断提高境外投资服务平台服务水平，为企业更好地"走出去""引进来"提供支撑，推动双向经贸投资发展。黄河流域自由贸易试验区联盟争取外商投资企业使用资本项目人民币收入在国家有关部门批准的经营范围内开展境内再投资，被投资企业无须开立人民币资本金专用存款账户。

① 胡方. 国际典型自由贸易港的建设与发展经验梳理：以中国香港、新加坡、迪拜为例 [J]. 人民论坛·学术前沿，2019，8 (22)：30-37.
② 王彦志. RCEP 投资章节：亚洲特色与全球意蕴 [J]. 当代法学，2021，35 (2)：44-58.

（三）外商合法权益保障

深圳自由贸易试验区依法建立健全外商投资企业投诉工作机制，推行外资重大项目专班制度。上海自由贸易试验区通过不断完善外商投资企业投诉工作机制，对外商投资企业反映的各类诉求及问题给予及时且明确的回应；依托知识产权联席会议机制，针对外商投资企业和外国投资者两类市场主体健全知识产权保护体系，强化知识产权行政司法保护力度，不断完善知识产权维权机制，为外商投资方面的知识产权纠纷提供多元化解决方案，提升外商投资方面的知识产权纠纷解决效率。川渝自由贸易试验区协同开放示范区建立自由贸易试验区知识产权多元保护机制、知识产权案件跨域协作机制，搭建平台发布典型案例，促进自由贸易试验区在知识产权等方面的司法学术交流合作，使得川渝自由贸易试验区协同开放示范区的知识产权保护工作全面加强。长三角自由贸易试验区联盟充分发挥上海国际争议解决中心、中国（浙江）自由贸易试验区海事商事纠纷调解中心功能，为企业拓展"一带一路"沿线国家和地区业务提供专业化的商事、海事仲裁服务；在发展共商、创新共进、运用共联、保护共治、服务共享等方面，推进长三角区域知识产权保护高质量一体化发展，培育重点产业和新经济产业领域的跨区域高价值专利组合，促进知识产权运营和交易平台实现互联互通，在知识产权相关案件领域探索制定其执法标准和法律适用指南，推动长三角地区在知识产权领域的政务申请事项采取"一网办理""一窗受理""跨省通办"等便利化举措。

三、推动要素跨区域流动的经验做法

（一）金融服务

DEPA规定各成员通过促进金融科技部门中企业之间的合作、促进商业或金融部门间金融科技解决方案的制订以及鼓励各方开展金融科技部门中的创业人才合作，加强各方在金融科技方面的合作。新加坡对金融业具有较高的市场开放度，且能提供全面、高质量的金融服务。首先，对金融企业的市场准入政策较为宽松，允许并鼓励外资银行进入，且对银行等金融机构的外资股份没有过多约束，给予国内外资本充分的市场竞争环境，极大地促进了资本利用效率的提升和金融衍生品的繁荣。其次，在金融机构的设立上能够以高标准对接国际规则，充分吸引外资。最后，通过政府金融激励计划给予外资机构税收优惠，对获得监管部门认可的单位信托基金只收部分收入税，离岸基金无须缴纳任何税费。香港自由贸易港作为全球领先的金融中心，拥有高度开放的货币市场和资本市场。首先，外资公司或个人可以不受任何约束限制地参与港内证券交易，国际投资者还可以任意投资香港自由贸易港发行的债务工具或运用工具进行融资。其次，香港自由贸易港实行自由汇兑制度，各种国际资金在香港自由贸易港的买卖和流动不受限制，吸引了众多跨国金融机构入驻，截至 2017 年，已有 85 家百强银行在香港自由贸易港设有业务，资本的完全自由流动极大提升了金融市场的运行效率。另外，香港特别行政区政府通过健全的法律制度和专门的监管机构，以国际监管标准对金融业进行监管，构建起十分有效的金融监管体系和完善的投资者保障机制，促进了经济的平稳运行。上海自由贸易试验区率先探索自由贸易账户体系，建立分账核算体系；支持金融机构为外贸企业提供跨境人民币贸易融资和再融资；升级银税服务平台，为诚信纳税的贸易企业提供无抵押纯信用贷款；扩大出口信用保险覆盖面，提高风险容忍度，缩减定损核赔时间；推广"信保+担保"，对中小外贸企业给予担保支持。长三角自由贸易试验区联盟积极探索知识产权证券化机制，在全国范围内首创应用区块链技术的"1+N+1"质押新模式，制定数据准入制度和数据存证流程制度，同市场机构共同探索知识产权证券化路径；通过长三角资本市场服务基地的不断建设，深化自由贸易试验区内科创资源与金融要素的融合联动发展，畅通企业上市服务链条，为长三角区域内中小型企业提供便利化、标准化的融资服务。川渝自由贸易试验区协同开放示范区推出"铁路运单+动产质押贷款""铁路运单+仓单质押贷款"等多项政策；将重庆市发展成为我国第一个可签发特权铁路提单的地区；推广多式联运"一单制"的物流金融和以跨境结算管理为代表的贸易金融；合力推动本外币合一银行结算账户体系、金融科技创新监管等试点试验；推动两地联合开展外汇监管互认、外汇管理改革创新等，联合成立成渝地区双城经济圈科创母基金；此外，川渝自由贸易试验区协同开放示范区开展了知识价值信用贷款，借助知识价值信用评价体系推行信用贷款，解决科技型企业类的高投资企业融资难、融资成本高等多重金融问题，助推川渝地区科技发展。

（二）人才保障

从国际来看，新加坡自由贸易港非常重视培养、引进高素质港口物流人才，如为培养和引进港口物流及供应链管理的优秀人才，助力新加坡自由贸易港的发展。新加坡政府斥巨资助推新加坡国立大学与美国佐治亚理工大学合作成立亚太物流学院，新加坡国立大学和南洋理工大学也都设立了物流专业硕士、博士学位点。新加坡政府还会定期联合物流专业机构与协会举办相关研讨会，促进全球交流与合作①。

从国内来看，上海自由贸易试验区开展外籍人才薪酬购付汇便利化试点，建立部门间外籍人才信息共享合作机制。在薪酬购付汇方面，为外籍人才提供可跨行、可分次、零审单的"一件通"服务，使薪酬汇兑顺畅进行；加快在临港新片区建设世界顶尖科学家社区；体检预约、工作许可和居留许可线下"一窗受理"，线上"一表申请"，并组建"全岗通"帮办队伍；吸引了国内外知名的人力资源服务机构入驻，服务范围包含人力资源全产业链，为来华工作的外籍人员提供便利的"一站服务"。川渝自由贸易试验区协同开放示范区在人才培养方面开创了人才科创基地模式，主要服务于川渝两地的高等院校与科研机构的人才资源共享与高质量科创型人才培养，从源头培育高端人才，推动高质量科创型人才流通，进行跨区域联动交流，助力科研机构与高等院校高质量科创型人才一体化发展，打造中国西部科技创新的"策源地"。香港自由贸易港奉行自由开放的入境政策，对到港从事商业活动、开展学术交流的人员给予便捷的出入境措施，对境外访客的签证政策也十分宽松，甚至允许诸多国家公民短期内免证在港停留；同时，香港自由贸易港还与多国政府签署协议，允许持有香港特别行政区护照的香港居民到海外旅游或经商。在劳动力配置方面，劳动力能实现在不同行业间的充分流动，香港自由贸易港的企业对员工也不设限制，既可雇用本地人也可雇用外来员工，来港工作的跨国公司人员也仅需申请工作签证便可在港工作。此外，为向香港自由贸易港输送专业港口物流操作管理人才，香港特别行政区政府积极与大学、教育机构合作，并建立起

---

① 孙建军，胡佳. 欧亚三大港口物流发展模式的比较及其启示：以鹿特丹港、新加坡港、香港港为例 [J]. 华东交通大学学报，2014，31（3）：35-41.

享誉世界的公务员廉洁制度，极大地提升了港口物流从业人员的素养，保证港口物流服务的优质性。

（三）数据共享

跨境数据流动和数据共享有助于实现数据驱动的创新。DEPA 意识到数据共享机制，如可信数据共享框架和开放许可协议，能够促进数据的共享及其在数字环境中的使用，从而促进创新、创造，有利于竞争和培育开放高效的市场，因而强调各国企业应在法律规定范围内共享包括个人信息在内的数据，以进一步促进创新。RCEP 也支持高度自由的数据跨境流动，规定在符合公共政策目标等的前提下允许将国内数据信息传输至境外，而且不要求交易数据必须在国内存储或备份，以此推动 RCEP 成员间跨境数据自由流动，促进跨境电子商务发展。与此同时，为了保护一些数字产业落后的发展中国家，RCEP 还为部分成员设置 5~8 年的宽限期，使其可以优先发展本土数字企业与数据立法框架，在合理的缓冲期内逐步达到协定的最低要求。DEPA、RCEP 均规定不对电子传输及以电子方式传输的内容征收关税[1]。DEPA、CPTPP、RCEP 重视数据跨境流动过程中信息跨境传输的监管权问题。DEPA 和 CPTPP 明确规定允许以电子方式跨境传输包括个人信息在内的信息，且不得将计算设施本地化作为在境内开展业务的条件，同时考虑了各缔约方各自的监管要求和公共安全，对实现公共政策目标所采取的措施施加了新的条件：一是措施不构成任意或不合理歧视或对贸易构成变相限制；二是对计算设施的使用或位置施加的措施不能超出实现目标所需限度的限制[2]。但 RCEP 只明确准许基于商业目的和行为进行跨境数据流动，没有对电子传输信息是否包含个人信息作出明确界定[3]。川渝自由贸易试验区协同开放示范区持续加强两地自由贸易试验区内市场主体、外资、外贸进出口等数据共享，建立统计数据定期交换共享机制，研究深化信息收集、报送、分析、发布模式。

---

① 冯洁菡，周濛. 跨境数据流动规制：核心议题、国际方案及中国因应 [J]. 社会科学文摘，2021，68（8）：38-40.

② CPTPP 第 14 章第 14.11 条和 14.13 条。

③ 周念利，于美月. 中国应如何对接 DEPA：基于 DEPA 与 RCEP 对比的视角 [J]. 理论学刊，2022，39（2）：55-64.

四、促进联动机制创新的经验做法

(一) 产业协同共建

产业协同共建是各自由贸易试验区联动发展的一个重要方面。长三角自由贸易试验区联盟产业协同的重心之一是其油气产业，其高质量打造油气行业全产业链，突出强调油气行业的金融属性，将浙江自由贸易试验区的产业特色与上海自由贸易试验区的金融优势相结合，打造一体化油气交易市场，探索共建大宗商品多层次交易市场，推动大宗商品的市场化联动。川渝自由贸易试验区协同开放示范区组建数字经济、总部经济等八大产业联盟，积极搭建企业交流合作平台，发挥重大产业平台旗舰作用；依托四川省港投集团、重庆渝欧集团等国有资本投资公司的力量，探索共建跨境电商产业园区，共同招引外贸总部企业和供应链链主企业，探索共建成链集群的外向型经济产业生态圈；推动医疗领域协同发展水平，发展成都医学城研发供应链服务平台，帮助企业"一站式"获得关键的进口研发物品，赋能生物医药产业高质量发展；两地联手建设川渝中医药大健康产业科技创新中心，在医疗保障等10个方面进行深度合作。黄河流域自由贸易试验区联盟通过将其资源禀赋优势和产业发展特色相互融合，在农业、先进制造业、能源化工、新兴产业等领域进行跨区域联合发展，共同培育物流、航运、贸易、港产城融合发展的新业态，强化黄河沿岸地区融合互动、优势互补。其中，山西省西咸新区与山东自由贸易试验区济南、烟台两个片区签署多个合作协议，涉及文化产业、生物医药大健康、葡萄酒产业链深度融合等多个方面，与济南等自由贸易片区在生物医药等大健康产业方面加强协作，共同分享发展经验，形成"南繁北育""葡萄酒数字化贸易改革""共建山东深蓝粮仓""培育蓝碳经济新业态""关保通""产业飞地建设"等10多项重大联动成果，提升沿黄地区区域发展水平，打造黄河流域高质量发展动力系统和新增长极。

(二) 科技协同创新

在科技协同创新方面，长三角自由贸易试验区联盟依托国家药品监督管理局药品审评检查、医疗器械技术审评检查部门在长三角地区设立的分中心，提高长三角自由贸易试验区联盟药品医疗器械成果转化效率，促进医药行业在长三角区域聚集，实现创新发展；全力推动长三角自由贸易试验区联盟生物医药、集成电路、人工智能等共性优势产业的发展，联合搭建创新平台，共同推动创新要素资源在区域内互通共享，携手攻克关键技术"卡脖子"难题，在科技创新和产业发展方面做好开路先锋；推动合肥和张江地区综合性国家科学中心、之江实验室进行关键技术重难点突破，实施创新型驱动战略，合力构建资源互通共享平台和共性技术创新平台。川渝两地携手共建影响力辐射全国的科技创新中心，推动建立成渝地区高新技术产业开发区协同创新战略联盟；联合布局重大科技创新平台；建设科技资源共享服务平台，成立"特色生物资源研究与利用川渝共建重点实验室"——当前中国唯一省际共建重点实验室；开展重大项目储备工作，为川渝共建具有全国影响力的科技创新中心提供后备支撑。

五、构建数字经济新规则的经验做法

（一）创新数据规则

"监管沙盒"[①] 是政府和行业合作的机制，在"数据沙盒"[②] 中将根据各国国内法律在企业间分享包括个人信息在内的数据，从而支持私营部门数据创新并缩小政策差距，同时与技术和商业模式的新发展保持同步[③]。DEPA 强调监管"数据沙盒"对于成员加强数据创新的重要性，成员可在"数据沙盒"中彼此分享数据，进行协作，以创建安全的环境，并敦促成员建立数据共享机制以便利数据分享和促进数据在数字环境中的使用。同时，DEPA 强调政府向公众公开提供数据对于企业增加和创造商机具有重要意义，便利公众获得和使用政府信息可促进经济和社会发展。DEPA 要求成员就公开政府数据

---

① "监管沙盒"是一个受监督的安全测试区，它通过设立限制性条件和制定风险管理措施，允许企业在真实的市场环境中，以真实的个人用户与企业用户为对象测试创新产品、服务和商业模式，有助于减少创新理念进入市场的时间与潜在成本，并降低监管的不确定性。

② "数据沙盒"是一个安全、开放、中立的数据流通平台，旨在在不泄露各方原始数据和安全隐私的前提下，通过加密协作机制对数据进行联合计算和分析，实现数据融合的价值。

③ 赵旸頔，彭德雷. 全球数字经贸规则的最新发展与比较：基于对《数字经济伙伴关系协定》的考察 [J]. 亚太经济，2020，37（4）：58-69.

展开合作，规定具体的合作范围包括但不限于：确定使用开放数据集的部门，并强调具有全球价值的数据集的开放；鼓励基于开放数据集来开发新产品和服务；标准化公开数据的模型和格式等。此外，各成员要努力在数据共享机制、数据新用途的概念认证方面开展合作，促进数据驱动型创新①。川渝自由贸易试验区协同开放示范区推动两地共同签订"1+9"项合作协议，聚焦于大数据协同发展，不断完善川渝地区数字经济基础设施建设，推动中新数据通道的共建、共享、共用等9方面的重点工作，致力于打造数字经济产业发展高地。长三角自由贸易试验区联盟推动设立上海数据交易所，在数据交易确权难、定价难、互信难、入场难、监管难等关键共性难题方面作出了一系列创新性突破，在全国首发数商体系、数据交易配套制度、全数字化数据交易系统和数据产品登记凭证等方面率先打出大数据综合交易的"组合拳"，挂牌数据产品已超过800个，为提升数据要素配置能力积累了新经验。

（二）数字治理

DEPA认识到人工智能技术在数字经济中的使用日益广泛，为可信、安全和负责任地使用人工智能技术而制定道德和治理框架对经济社会发展来说具有十分重要的作用，明确提出要从"道德"和"治理"两个角度出发，在考虑国际原则或指导方针，包括可解释性、透明度、公平性和以人为本的价值观的基础上，构建国际协调一致的人工智能治理框架。同时，DEPA意识到政府采购数字化在简化采购流程、提高采购透明度、促进采购的公平竞争方面的重要作用，倡导通过强化国家间的合作探索政府采购数字化对现有和未来国际政府采购承诺产生的影响。DEPA强调各成员在竞争政策领域展开合作，以提高政府数字市场监管能力，如积极分享在竞争法执法及竞争政策制定实施以应对数字经济所带来挑战方面的经验，开展共同议定的技术合作活动，包括：制定数字市场竞争政策的信息和经验；促进数字市场竞争的最佳实践；提供咨询或培训，包括通过官员交换，协助一国加强数字市场中竞争政策制定和竞争法执法的基本能力。此外，DEPA承认数字包容性对于保证所有人和所有企业参与数字经济、做出贡献并从中获益的重要性，认识到通过消除障

---

① 李墨丝，应玲蓉，徐美娜. DEPA模式数字经济新议题及启示［J］. 国际经济合作，2023，39（1）：27-36.

碍以扩大和便利数字经济机会获得的重要性，因此设置数字包容性规则，以解决数字鸿沟问题。各缔约方间可就增加妇女、农村人口、低收入社会经济群体等的数字经济获得机会展开合作，包括应对数字经济机会获得障碍的措施，制订计划以促进所有群体参与数字经济。

（三）加强数据信息保护

数字贸易方兴未艾，促使人们的购物模式发生翻天覆地的变化，在线购物人数的不断增加使得线上消费者的权益保护日益受到人们关注，各国际协定也都将其纳入数字贸易谈判的重要议题。DEPA、CPTPP 和 RCEP 都意识到在线消费者信息保护所具有的经济和社会效益，以及其对提高消费者对数字经济和贸易发展的信心的重要作用，均强调通过立法保护线上消费者的合法权益，并确保法律法规在实施过程中的透明性和有效性，通过强化部门间的合作提高消费者对数字贸易的信心①。隐私权作为消费者最基本的权利，对维护消费者权益具有举足轻重的意义，其重要性在以数据为关键生产要素的数字贸易中更为突出。DEPA、CPTPP 和 RCEP 均认识到法律法规是对个人隐私保护的关键保障，要求各缔约方对标国际规则制定个人信息保护的法律框架，同时要从个人和企业两个层面公布有关个人信息保护的要求，如企业如何遵守法律要求的事前措施以及消费者如何寻求救济的事后措施；此外，缔约方应积极提高不同的个人信息保护体制之间的兼容性和交互操作性，如对各自法律框架下的可信任标志或认证框架所提供的相当水平的保护给予适当承认②。RCEP 还规定企业应该公布其个人信息保护的政策和程序，向消费者表明该企业已经建立良好的数据管理规范。

六、营造良好创新生态的经验做法

（一）加强知识产权保护

知识产权保护对于营造良好的营商环境起到至关重要的作用。CPTPP、

---

① 代丽华，吕雨桐，陈红松.CPTPP 数字贸易规则及影响：基于和 RCEP 的对比分析 [J]. 长安大学学报（社会科学版），2022，24（3）：22-33.
② 彭德雷，张子琳.RCEP 核心数字贸易规则及其影响 [J]. 中国流通经济，2021，35（8）：18-29.

RCEP 关于知识产权保护的章节涵盖了著作权、商标、地理标志、专利、工业设计、遗传资源、传统知识和民间文艺、反不正当竞争、知识产权执法、合作、透明度、技术援助等广泛领域。在知识产权执法方面，RCEP 建议成员将具有商业规模的故意进口盗版货物或假冒商标货物视为非法行为，分销或销售该货物需承担刑事责任①，而 CPTPP 则没有"商业规模"这一限定，认为盗摄均为犯罪；在反不当竞争中，CPTPP 对于侵犯商业秘密的行为制定了比较严厉的刑事处罚，同时罗列了 5 种可能启动刑事程序的要件②。上海自由贸易试验区已经形成了完备的"4545"知识产权工作体系，将商标、专利、版权、原产地地理标志进行"四合一"融合，成立全国唯一一家按照此规则独立建制的知识产权局，实现区域知识产权保护由"散"向"合"转变；构建"五大功能性平台"，包含知识产权保护中心、版权服务中心、运营公共服务平台国际运营试点、世界知识产权组织仲裁与调解上海中心、国际知识产权枢纽港等，使区域知识产权保护逐步由"慢"向"快"发生转变；从行政保护、仲裁调解、司法保护、社会监督四个方面入手，构建"四轮驱动"的模式，全面提高知识产权保护体系建设，逐步构建知识产权保护"严、大、快、同"的格局；建立知识产权案件移送、信息通报、配合调查等工作可以跨部门、跨区域进行的机制，推进知识产权综合执法。粤港澳自由贸易试验区成立华南地区知识产权运营中心，探索开展收益管理改革和知识产权处置试点。川渝自由贸易试验区协同开放示范区签署知识产权司法保护合作备忘录，确立知识产权司法保护信息共享机制。长三角自由贸易试验区联盟以浦东、杭州、南京、合肥等地为抓手，持续深化其中国知识产权保护中心授权、确权、维权为一体的协调联动机制，依托中国自由贸易试验区版权服务中心创新公共版权服务，强化长三角自由贸易试验区联盟知识产权保护功能。

（二）优化创新服务体系

川渝自由贸易试验区协同开放示范区与各类高等院校、科研机构等主体合作，共同搭建产业研究创新、融合、协同的资源网络，将各类主体培育为创新孵化器，强化"实验室—孵化器—加速器—专业园区—创业企业"的链

---

① RCEP（2020 年）第 11 章第 74 条。
② 马忠法，王悦玥. RCEP 与 CPTPP 鼓励性知识产权条款与中国因应［J］. 云南社会科学，2022（4）：142−153.

条孵化功能；建立科技创新资源共享机制，涵盖信息共享机制、创新资源整合机制、利益激励机制、监督管理机制四个主要方面，帮助创新企业在自由贸易试验区内更好地实现资源获取和共享，促进川渝两地创新企业信息流通，提高资源利用率，能够使得川渝自由贸易试验区协同开放示范区更好地促进科技创新，打造自由贸易试验区科技策源地。云南自由贸易试验区鼓励各类主体积极开展有关促进科技创新平台集聚作用充分发挥方面的研究，引导企业在"一带一路"沿线国家和地区搭建创新平台，通过政府牵头，高等院校、科研机构等主体协同联动，与周边国家和地区合力打造科技企业孵化器和成果孵化基地，不断拓展科技创新主体的多元性，使各类主体的创新活力得到充分激发，助力科技创新协同发展。长三角自由贸易试验区联盟创立市场采购组货人制度并在义乌市实行，开启市场采购 2.0 数字化改革，通过构建数据溯源管理机制、开展数字化智慧监管、构建组货人"金字塔"分级奖励体系等手段加强制度重塑和流程再造，解决市场采购数字梗阻问题，推动贸易链各类主体和数据真实显化，对市场采购企业主体实行差异化赋能，推进市场采购贸易不断成熟完善。黄河流域自由贸易试验区联盟不断完善"互联网+港口+业务"的公共服务平台，使大宗商品数字化发展生态圈的优势得到充分发挥，提高企业获取物流、贸易、金融等相关服务的便利程度，推动供应链集成、产业链延伸，提升价值链创造水平。

七、优化提升营商环境的经验做法

（一）税收减免优惠

国际方面，RCEP 最终实现零关税的货物税目比例达 90%，而 CPTPP 平均达到 99%。新加坡自由贸易港也只对烟草制品、石油产品和酒类等少数类别征收关税。美国麦卡伦自由贸易试验区采取进出口免征关税政策，区对区的转移关税延迟征收，自由贸易试验区之间可以运输产品，商品仅在最终进入美国境内时才需要缴纳关税。在所得税方面，新加坡自由贸易港的政策是：企业年利润低于 30 万新币（含）的按 8.5% 的利率缴纳企业所得税，高于 30 万新币的按 17% 的利率缴纳企业所得税，而且货物由国内进入自由贸易试验区还可以享受出口退税政策，对于个人所得税采用的是从 0%~22% 不等的 11

级超额累进税率。迪拜自由贸易港仅对外资银行和石油企业征收企业所得税，且税率很低，只有5%[①]。新加坡自由贸易港一般只征收直接税，不征收间接税（如增值税）。此外，新加坡自由贸易港还采用"境内关外"做法，对存放在某些特定自由贸易试验区的货物不予收缴关税、增值税等税款，仅在其离开自由贸易港、在本国市场出售时才按相关规定缴税；给予新注册成立的企业免收印花税的优惠，并且不对企业经营中的资本利得额外征税；对在其境内投资的外国人士或机构提供不同程度的税务减免，企业在新加坡自由贸易港以外发生的业务交易利得可不向新加坡政府纳税；出台一系列税收减免措施，如对"先锋企业"实行长达15年的企业所得税减免，若亏损还可无限期结转，对总部企业执行0%~15%的优惠税率；对财务中心提供一次为期10年的低税率优惠；对船舶运营提供最长为40年的5%~10%的优惠税率；对风投基金实行税率优惠等。鹿特丹自由贸易港对除毒品和军火外的全部商品持完全开放态度，允许商品自由出入，也不施加数量和种类约束；对于暂存保税仓的商品，也采用"境内关外"的做法，暂存期间以及商品到达最终消费地前均免收关税、增值税等税款；对自由贸易港内加工贸易免收进口关税，待加工完成后才按相关规定征税。

国内方面，长三角自由贸易试验区联盟支持企业开展研究开发、检验检测认证、科技咨询、技术转移活动，并给予企业补贴。黄河自由贸易试验区联盟推动"一单制"模式，实行保税原油混兑调和、启运港退税等税收优惠政策。粤港澳自由贸易试验区对鼓励类产业实行税收优惠政策，对该类企业征收企业所得税时采取15%的税率；对高端型人才和紧缺型人才个人实行税收优惠政策，对其采取所得实际税赋超过15%的部分予以免征的政策；对小微企业实行部分免征优惠政策。川渝自由贸易试验区协同开放示范区对重点发展的高新技术产业企业按照9%的税率征收企业所得税率；对高端型人才和紧缺型人才个人实行税收优惠政策，即采取对其所得实际税赋超过15%的部分予以免征的政策；对于年度应缴纳税额包含或低于30万元的符合条件的小型微利企业，按照20%的税率征收所得税。香港自由贸易港对进出口货物贸易不设限制，所有进出香港自由贸易港的货物除酒类、烟草、

[①] 李思奇，武赟杰. 国际自由贸易港建设经验及对我国的启示 [J]. 国际贸易，2018，37（4）：27-33.

碳氢油类及甲醇外，都享受零关税，也没有附加税。

（二）审批流程改革

各自由贸易试验区均不断优化"互联网+"环境下的政务服务方式，提高企业办事效率。政务服务通过一站式服务平台实现"一网通办"；推行企业开办全流程"一表申请、一窗领取"，企业电子印章与电子营业执照同步发放；探索推行行政审批告知承诺制度；为外商投资企业、外国人提供便利化政务服务，在优化营商环境方面以提升企业获得感和人民获得感为主要目标。长三角自由贸易试验区联盟依托电子口岸公共平台建设国际贸易"单一窗口"；推进"证照分离"改革全覆盖，持续推动"多证合一、一照一码"；推行"互联网+营商环境监测"系统，对营商环境建设情况进行评估。粤港澳自由贸易试验区构建"一网通办"政务服务体系，深入推进"数字政府"建设，推动政务服务"跨域通办"；支持建立"多规合一"规划管理体系。黄河流域自由贸易试验区联盟积极推动制度创新联动共享机制建设，加快行政审批"跨省通办"一体化进程，推动技术交易市场沿黄跨区域创新联动，优化提升营商环境。川渝两地联合搭建"天府通办""渝快办"等服务平台，推进自由贸易试验区政务服务事项实现"跨省通办"；深化"证照分离"改革在自由贸易试验区范围内全覆盖试点；推动四川天府新区、重庆两江新区政务服务一体化发展，推动同等申报要件的同一事项在两地同标准受理、无差别办理、行政审批结果互认，设立"两江新区企业专窗"，发行两江新区执照；成立川渝自由贸易试验区协同开放示范区企业服务专业委员会，为川渝地区企业高质量发展提供有力支撑；两地法院联合发布了《川渝新区（自由贸易试验区）涉外、涉港澳台商事典型案例》《川渝自贸区法院合作共建协议》，签署知识产权司法保护合作备忘录，确立知识产权司法保护信息共享，从法治建设角度推动川渝自由贸易试验区协同开放示范区营商环境优化。

（三）竞争环境优化

CPTPP、中欧CAI均明确提出国有企业竞争中立原则。中欧CAI用"涵盖实体"的概念描述国有企业，且扩大了约束范围，成员国政府拥有或控制的企业、因成员国政府指定而具有垄断地位的企业均属于"涵盖实体"；CPTPP首次将国有企业和垄断的内容设为单独一章，详细论述了有关国有企业界定、非歧视待遇和商业考虑、非商业援助、透明度等的规则，建立了独立、高标准的规则体系，使得跨国公司能够有机会平等参与市场竞争①。在透明度义务方面，中欧 CAI 与 CPTPP 均包括被动公开义务，公开信息涉及企业股权结构、组织架构、年收入、依法享有的免责和豁免、监管机构等信息，但 CPTPP 还涉及主动公开义务，在该义务项下，成员国需履行公开国有企业名单、国有企业相关政策以及国有企业相关信息的义务。对于补贴的透明度，中欧 CAI 明确要求缔约双方需要对服务部门的补贴承担透明度义务，将补贴领域从货物拓展到服务领域。

RCEP、CPTPP 都提出了各方在竞争政策和法律方面的合作框架：明确规定各方应采用禁止限制竞争商业行为的法律法规，以促进市场竞争，提高经济效率和消费者福利②，并设立独立决策的主管机关对反竞争行为采取适当措施；强调各方竞争主管机关之间相互合作对于促进有效竞争执法的重要性，规定各方可通过各自的竞争主管机关，以符合各自法律法规和重大利益的方式，并且在各自可获得的资源范围内，就竞争执法相关问题进行合作，如遇到对重大利益可能产生实质影响的竞争执法活动，应及时予以通知并展开讨论；缔约方之间交换信息，以增进谅解或便利有效竞争执法；协调缔约方之间就相同或相关的反竞争行为采取执法行动；等等。

---

① 余淼杰，蒋海威．从 RCEP 到 CPTPP：差异、挑战及对策 [J]．国际经济评论，2021（2）：129-144.

② 全毅．CPTPP 与 RCEP 协定框架及其规则比较 [J]．福建论坛（人文社会科学版），2022，42（5）：53-65.

第六章　国际贸易规则借鉴

一、国际贸易规则相关概念及内容

（一）自由贸易协定（FTA）

自由贸易协定（FTA）是两个或两个以上国家或地区签署的协定，旨在减少彼此之间的贸易壁垒。自由贸易政策的核心理念是允许商品和服务在边界上自由买卖，几乎不存在政府税收、限制进口配额、发放补贴或禁止贸易的法令。自由贸易与贸易保护主义或经济孤立主义截然相反。该协定可以促进成员之间的贸易和投资，提高分工效率，提升企业竞争力和产品质量，促进技术和知识的流动，促进经济发展和繁荣，还可以扩大市场规模，提高产品的供给量，为消费者提供更多的选择，降低商品和服务的价格等。

货物贸易涉及关税、关税配额、贸易便利化、技术性贸易壁垒（TBT）、动植物卫生检疫措施（SPS）、原产地规则（ROO）。为了评估自由贸易协定对商品贸易的影响，有必要分析自由贸易协定实施前后贸易壁垒的变化。对于出口方面而言，新一代自由贸易协定取消了大部分成员商品的关税，其中包括与美国或欧盟这样的特别合作伙伴之间的贸易。这为各国或地区商品提高其价格竞争力创造了机会。与世界贸易组织（WTO）相比，自由贸易协定的优势在于它能够减少关税而不是消除关税，而且只适用于某些特定的关税品目而不是大多数关税。然而，关税优惠仅适用于符合适当地区内原产地规则的出口产品。只有符合原产地标准的商品才能获得优惠待遇，这是享受自由贸易协定优惠待遇的重要法律基础。制定原产地规则的目的是帮助平衡贸易便利化，防止贸易欺诈，制定可持续的财政政策，并支持贸易增长。

自由贸易协定不局限于货物贸易，还包括服务贸易、投资、政府采购、知识产权、竞争政策、可持续发展以及劳工和环境等领域。该协定为成员建立和完善市场经济体系提供了帮助，积极促进经济结构调整和创新。自由贸易协定正在朝着改善管理机制方面发展，旨在创造出更方便、更开放、更透明和更可预测的商业环境。改善的商业环境加上新的出口市场开放机遇，将有助于促进各国或地区的内外投资，为企业创造新的生产能力，并提高国内或地区生产总值的增长率。

（二）全面与进步跨太平洋伙伴关系协定（CPTPP）

全面与进步跨太平洋伙伴关系协定（CPTPP）涵盖了澳大利亚、文莱、加拿大、智利等11个国家，亦象征着新一代自由贸易协定。签署了多方自由贸易协定，意味着亚太地区国家拥有了共同的自由贸易市场，目标在于进一步有效推动太平洋沿岸国家之间的自由贸易和投资。通过该协定，成员国将逐步降低贸易壁垒，提高贸易自由化和投资便利化水平，加强知识产权保护，促进经济发展和合作。根据该协定，各国将按照一个逐步削减和消除关税和非关税壁垒的路径图行事。该协定的主要内容包括：

第一，货物贸易实现高度自由化，最终使得自由化水平接近100%。各成员平均实现零关税的税目数和贸易额占比约为99.5%，除日本（零关税产品税目数和贸易额占比均为95%）外，其他成员零关税产品税目数和贸易额都在99%以上。此外，该协定过渡期非常短，超过85%的产品将在协定生效后立即实施零关税。在工业品领域，协定生效后立即实施零关税的产品税目数和贸易额占比平均超过88%。在农、水产品领域，立即实施零关税的产品税目数占比达到81.7%。排除在零关税之外的高度敏感产品极少。被排除在零关税产品范围外的主要是农、水产品，但相关成员也多通过设立关税配额、部分降税等方式实现此类产品贸易的部分自由化。

第二，大幅开放服务和投资市场。一是在服务贸易和投资领域要求以负面清单方式实施市场开放。除列入负面清单中的不符措施外，成员必须给予外国服务提供者和投资者国民待遇，取消市场准入限制，为市场主体提供更多的发展机会和空间。二是在金融和电信领域实行高水平的开放，包括以下深度开放内容：电信领域开放"号码可携带"、"专线服务"和"海底电缆系统"等；金融领域取消与机构数量、业务量、人员数量和企业形式等相关的市场准入限制，各成员国将逐步取消或降低对商品和服务的关税，提高市场准入水平，为企业提供更广阔的市场机会。三是禁止成员对投资者提出当地成分、技术本地化等限制性要求，同时限制对投资者业绩的要求。该协定鼓励成员国之间的投资，包括放宽投资准入限制、保护投资者利益等，成员国之间的贸易和投资将更加自由化、公平和可持续，有利于促进区域经济一体化及全球贸易可持续发展。

（三）跨太平洋伙伴关系协定（TPP）

跨太平洋伙伴关系协定（TPP）的前身是跨太平洋战略经济伙伴关系协定，是一个旨在促进亚太地区的贸易自由化的自由贸易协定。它最初由亚太经济合作组织成员中的新西兰、新加坡、智利和文莱四国发起，并于2016年正式签署。该协定的主要目标是消除参与国之间的贸易壁垒，促进贸易和投资自由化，加强知识产权保护和规则协调，以及促进互联互通和可持续发展等领域的合作。该协定旨在促进亚太地区经济一体化和贸易自由化，促进区域内参与国的合作和发展，推动经济全球化进程。

该协定的主要内容如下：一是实现零关税。该协定要求所有成员国实现零关税，包括农产品方面的关税减免和政策改革，以及取消农业出口补贴。二是强调贸易大于主权原则。在该协定框架内，成员国必须服从协定精神，包括打破主权国家壁垒、实现几乎零关税和资本自由流动。此外，个人投资者有权在国际场合起诉主权国政府，而主权国家与本国跨国公司产生的纠纷只能通过纽约仲裁所裁定。三是海关管理和贸易便利化。它是对世界贸易组织提高贸易便利程度工作的一个补充。在该协定中，各缔约方达成了一致，将通过提高贸易便利化程度、提高海关程序透明度和确保海关廉洁等规则来实现这个目标。这些规则旨在促进通关入境程序的便利化，并推动区域供应链的发展，从而为该协定各缔约国内的商业主体（包括中小型企业）提供支持。该协定的各缔约方还就透明度规则达成了一致，其中包括公布各国海关法律法规的规定，即各方还同意避免货物在海关受到不必要的延误和扣存，或由于海关尚未确定关税额度而产生"抗议之下的付款"。为了促进各种规模企业进行贸易活动，各缔约方同意进一步完善关于海关估价以及其他事务的规定。在海关处罚的相关规定方面，进行了公正和透明的确保承诺。此外，考虑到快捷运输对包括中小企业在内的某些行业具有重要意义，各缔约方还同意提供加急通关程序，以便促进贸易活动的快捷运输。四是制定技术性贸易壁垒规定。各缔约方通过制定技术性贸易壁垒规定，确立了透明、非歧视的技术规则、标准和合规评定程序，同时保留各缔约方实现合法目的的能力。各方同意合作，确保技术规则和标准不会对贸易构成不必要的壁垒。为了降低各缔约方商业实体尤其是中小企业的成本，各缔约方同意尽快接受其他缔约方合格评定机构给出的评定结果，以便企业能够更快地进入该协定的国家市场。在该协定框架下，要求各国接受公众针对技术规则、标准和合格评定程序等发表的意见。各缔约方还需确保技术规则和合格评定程序得以充分制定和生效，为商业实体留出足够的时间以满足这些新要求。此外，该协定的附录还包括特定行业的监管规定，以在协定覆盖区域内推广共同的监管模式。五是开展贸易救济。贸易救济是该协定的一项重要内容，确保贸易救济活动的透明和程序合法是非常必要的，明确各缔约方在世界贸易组织框架下的权利和义务也是不可或缺的。这相当于设立了一套过渡性保障机制，由于该协定减少了关税，导致进口增加，对国内产业造成了不利影响，因此各缔约方可以在一定时间内采取过渡性保障措施，以缓解冲击。六是制定投资规则。该协定通过制定投资规则，规定了非歧视性投资政策和保护措施，以确保基本的法治保护，同时保护缔约国政府实现合法公共政策目标的能力。该协定提供了常规的基本投资保护，包括国民待遇，最惠国待遇，为符合国际法惯例的投资提供的最低待遇标准，禁止非公共目的、非合法程序、无赔偿的财产征收，禁止要求企业实施"本地内容"或"技术本地化"等生产要求，各缔约方不能要求其他缔约方的服务供应商在其境内设立办事处或要求其他本地内容限制以确保投资所涉资金的自由流转。另外，该协定规定了各缔约方在跨境服务和贸易领域的许可和监管程序，要求各缔约方建立透明、公正和非歧视的许可和监管机制。七是提供跨境贸易及服务。该协定要求各缔约方在跨境服务和贸易中给予其他缔约方的自然人、企业或投资者国民待遇和最惠国待遇。各缔约方在本国的企业或个人与来自其他缔约方的企业或个人进行服务交易时，应该给予同等的待遇；在跨境服务和贸易领域实行市场准入，即禁止采取限制性措施和数量限制，确保其他缔约方的企业和自然人可以平等地进入其市场并提供服务；同时，禁止各缔约方在跨境服务和贸易领域采取本地内容和技术本地化限制措施，即各缔约方不能要求其他缔约方的企业在其领土范围内设立办事处或附属机构才能在该国提供服务。

(四) 区域全面经济伙伴关系协定 (RCEP)

区域全面经济伙伴关系协定 (RCEP) 由东盟发起, 由中国、日本、韩国、澳大利亚、新西兰等 15 个国家共同签署。该协定的目标是促进成员之间的经济合作和自由贸易, 通过减少关税和其他贸易壁垒来促进贸易自由化和投资自由化, 即旨在促进亚洲地区的贸易和投资自由化, 通过消除或降低贸易壁垒、减少关税和非关税壁垒、开放服务市场等方式推动贸易自由化和投资便利化, 进一步加强区域内经济联系和合作。它涵盖了广泛的领域, 包括商品贸易、服务贸易、投资、知识产权、电子商务等。该协定是目前世界上最大的自由贸易协定, 覆盖了全球四分之一的人口和经济总量, 被认为是亚太地区经济一体化的重要里程碑, 亦是东亚经济共同体建设的一部分。该协定的签署被视为亚洲地区经济一体化和自由贸易进程的重要推动力, 也被认为是应对贸易保护主义和单边主义的重要举措之一。该协定旨在推动地区间贸易与投资的发展, 建立一个现代、全面、高质量、互利双赢的经济伙伴关系。

该协定的主要内容包括: 一是货物贸易。各缔约方在附件一关税承诺表中承诺最惠国关税税率, 若某缔约方根据 WTO 协定, 在某货物入关时最惠国税率低于本协定承诺的最惠国税率, 该货物可适用 WTO 协定最惠国税率。关于货物的原产国认定, 应当遵循: ①原产国为取得原产资格时的缔约方; ②若出口国生产工序的规模超过微小加工的规模, 则出口国为原产国; ③符合协定附录要求时, 出口国为原产国; ④在以上情形未能确定原产国的情形下, 原产国则是为该货物生产提供最高价值原产材料的缔约国。此外, 该协定中最惠国待遇 (进口国对原产国承诺的待遇) 由各缔约方对其他缔约方分别作出的承诺得出, 不存在普遍适用于所有缔约方的单一最惠国待遇。各缔约方允许并确立机制保证对为特定目的入境、计划在特定期限内复出口的货物免征或部分免征关税。该协定要求各缔约方不得对进口货物采取税费之外的任何禁忌或限制措施, 建立技术磋商机制。在进口许可上, 全面继承《进口许可程序协定》。在消除关税与非关税壁垒上, 该协定形成了可行的机制。对非关税壁垒引起的争议, 该协定确定了技术磋商机制, 形成一事一议的争议解决机制。对于关税壁垒的消除，该协定促使各缔约方作出最惠国关税承诺，并通过承诺匹配机制实现关税削减。

二是海关程序与贸易便利化。其目的在于增强海关法律法规适用的透明度、促进货物的快速通关、接轨国际标准、促进缔约方合作、便利贸易。缔约方义务主要包括一致性义务、透明度义务、咨询点义务、程序义务、预裁定义务、货物放行义务。具体如下：①一致性义务，即缔约方海关机构对其海关法律法规一致的执行，不曲解法律法规而做出不一致的行政行为（中国对该义务作出五年内全面实现的承诺）。②透明度义务，即缔约方应当以公平便利的方式迅速公布海关法律法规、产品归类、税率、进出口限制、惩罚规定、救济措施等海关信息。③咨询点义务，即缔约方应当设立咨询点，从而为进出口过境提供文本与咨询便利。④程序义务，即缔约方的海关程序应当能够实现前述目的。在货物装运前，海关不得适用与税则归类和海关估价相关的检验方式，缔约方亦尽量不对装运前检验使用新的要求。在货物入关前，缔约方应允许提前处理文件和信息，从而加速清关。⑤预裁定义务。在货物入关前，缔约方可就对税则归类、原产资格、完税事宜等问题进行预裁定，并设立框架机制保障预裁定的顺利执行。⑥货物放行义务。为便利缔约方之间的货物贸易，缔约方应当积极采取简化的海关清关程序，从而加快放行。另外，缔约方应向经认证的经营者提供进出口过境等程序性贸易便利措施，具体措施可为：降低单证、数据要求，降低检验检查比例，加快放行，延迟支付税费，减少担保、综合担保，一次性海关申报，或者在经营者场所办理货物通关，等等。

三是服务贸易。这意味着彻底消除该协定成员国之间的服务贸易限制和歧视，覆盖所有部门和供应方式。该协定要求各缔约方（最不发达国家可自愿确定）就国民待遇、市场准入等作出承诺，向其他缔约方发送并在网络上公布列有中央政府级别现行措施的完整的、准确的但无约束力的透明度清单并在必要时进行更新。该协定还对承诺表提交及批准的过渡期期限和程序、承诺表的修改进行了规定。其中，中国在服务贸易领域的开放承诺达到了自由贸易协定中的最高水平。在对外开放的服务部门数量方面，中国在入世承诺的基础上新增了 22 个部门，包括研发、管理咨询、制造业相关服务和空运等部门。中国还提高了 37 个部门的承诺水平，这些部门包括金融、法律、建筑和海运等。另外，该协定的 15 个缔约方均作出了高于各自"10+1"自由贸易协定水平的开放承诺，这将降低进出口企业的经营成本，加强中国在全球市场中的竞争力，有利于中国更好地进行资源配置，提高创新能力，推动改革及促进发展，不断助力中国产业转型升级，提升其在区域产业链和供应链中的地位。值得注意的是，金融、电信方面的承诺为各缔约方服务提供者创造了更加公平、开放、稳定和透明的竞争环境，推动区域内金融、电信产业的发展与合作。同时，服务贸易规则对标国际化将提升相关制度水平，使得缔约方之间的贸易规则更加标准化。

二、国际贸易规则对中国贸易发展的影响

（一）国际贸易规则对中国贸易发展的影响

国际贸易规则对中国贸易发展具有重要的影响。国际贸易规则通过促进自由贸易、鼓励跨国投资、保护知识产权、推动环境保护和增加国际合作，促进中国贸易的有效发展，提高其在全球范围内的市场竞争力，进而加速经济和贸易发展。因此，继续积极参与国际贸易规则的制定和实施，有助于中国提高自身贸易发展水平和贸易自由化水平，从而为全球经济发展做出更大的贡献。

一是促进自由贸易，优化投资环境。自由贸易是指消除贸易壁垒、关税和其他非关税壁垒，促进自由贸易和自由市场的一种方式。而对于中国自由贸易试验区来说，它是自由贸易的一种形式，它通过消除内部关税和非关税壁垒，促进区域内的自由贸易和投资。国际贸易规则旨在促进自由贸易和减少贸易壁垒，从而推动自由贸易试验区的发展。中国自由贸易试验区在贸易和投资方面可以更好地与其他国家和地区合作，并且根据国际贸易规则来提高其在全球范围内的市场竞争力。国际贸易规则可以帮助自由贸易试验区提升投资环境和国际竞争力。例如，世界投资报告和全球知识产权保护指数报告等国际组织和机构发布的报告可以帮助自由贸易试验区了解全球投资和知识产权环境的状况，并根据报告指出的问题和建议优化自身的投资和知识产权环境，提升国际竞争力。

二是鼓励跨国投资，增加国际合作。在中国贸易发展过程中，吸引外国投资是一个重要的目标。可以通过放宽外国投资的限制以及提高透明度和可

预测性来吸引外国投资，而国际贸易规则有助于鼓励跨国投资，其通过建立更稳定和透明的法律和商业环境来增加投资者的信心。对于自由贸易试验区的发展来说，跨国公司可以更加自由地进行投资和经营活动，从而推动自由贸易试验区的经济发展。此外，还可以为自由贸易试验区提供增加国际合作的机会，自由贸易试验区可以与其他国家和地区合作，以共同推动经济和贸易的发展。例如，自由贸易试验区可以与其他自由贸易试验区签署自由贸易协定，以促进贸易自由化和投资自由化。此外，自由贸易试验区还可以与其他国家和地区合作，以提高其在国际贸易中的声誉和地位，增加其在全球市场上的竞争力。

三是保护知识产权，增强自身创新能力和竞争力。知识产权保护是国际贸易规则的一个重要方面，在中国贸易发展过程中，知识产权保护是吸引外国投资和促进技术转让的一个重要因素。针对自由贸易试验区而言，自由贸易试验区需要确保知识产权得到充分的保护，以便鼓励跨国公司在该地区进行技术创新和研发，而国际贸易规则可以为自由贸易试验区提供支持和指导，以确保知识产权得到充分的保护，从而鼓励更多的技术创新和投资。国际知识产权规则可以帮助自由贸易试验区增强知识产权保护和创新能力，世界知识产权组织制定的《专利合作条约》《商标法》《版权法》等规则可以为自由贸易试验区提供保护知识产权的法律框架和国际标准。通过遵守和执行这些规则，自由贸易试验区可以提高自身知识产权保护水平，增强自身的创新能力和竞争力。

（二）RCEP 对中国贸易的影响

一是有效降低进口成本，进一步推动贸易发展。RCEP 规定成员国之间贸易必须承诺一定幅度的关税削减或者免除，并且经过相互协商之后全面实施。从各国的实施情况来看，尽管关税减让需要较长的时间，但多数商品已经获得了较大幅度的关税减让，比如中国对东盟的关税减免承诺已经得到具体实施，大部分动物相关资源的关税在当年已经实施免税，基准税率也大幅度降低。此外，其他关税在一段时间内也实现了全面免税，比如中国对东盟承诺的植物蜡和面食等相关产品免税，到目前为止也都实现了零关税。同时，其他国家对中国承诺的关税减免也得以有效实施，极大地降低了中国商品出口协定参与国家的出口成本，降低了出口门槛，从而提升了中国产品的国际竞争力，进而促进了国际贸易的良好发展。

除此之外，原产地规则与海关程序和贸易便利化等条款规定，各国制定海关法律法规和原产地规则时必须保持一致性与透明性，尽量保证贸易规则的简单化，并且主动提供更多的咨询窗口以便为过境贸易提供便利化的贸易规则咨询服务，减少贸易复杂度。这些措施都有利于降低各国之间的贸易成本，提升进出口商品的竞争力，营造便捷开放的贸易环境，扩大贸易规模。贸易便利化也会给中国出口带来一定的挑战：国外产品在中国的关税减少，进口成本降低，竞争力提升，对中国本土产品的出口构成更大的竞争威胁。中国本土的产品尤其是中国的高端消费品，较国外的产品面临更为严峻的境地，以日本和韩国为代表的品质较好的商品能够以更低的成本进入中国市场，因此本土产品在价格上将会面临更激烈的竞争。东盟国家的中低端产品在面对中国如此大体量的消费市场时也具备更大的优势，对中国本土的产品造成成本、价格威胁。

二是有效重构区域产业链，进一步增强区域竞争力。RCEP 保证为自然人临时入境贸易提供更便利的条件，包括推动投资、经济技术合作和自然人移动等多方面，为商贸磋商过程减小难度、提高成功率。在经济技术合作方面，各国应该优先考虑经济技术合作倡议，在现有产业的基础上提升资源使用效率，减少资源投入冗余，促进资源的充分利用和价值的有效发挥。在促进投资方面，RCEP 规定为投资提供更公平便利的投资环境和营商条件，极大地促进资本自由流动。与此同时，RCEP 规定如果一国协定中的关税减免幅度高于对另一国施行的最惠国待遇，其余参与国也能享受同样的最惠国待遇。

自然人移动能促进各国的贸易往来和技术交流，经济技术合作能提高产业生产效率、降低生产成本，最惠国待遇能为资本流动提供公平便利的营商环境，资本自由流动能为产业发展提供充足的资金支持。这些举措都有利于重构区域产业链，提升生产效率，减少生产成本，增长产业韧性，进而提升核心竞争力。中国营商环境越公平便利，越有利于提升产业韧性和竞争力；经济技术合作也能促进中国产业技术提升，助力加强和完善产业链。

然而，中国的产业结构受到区域内产业链重构的严重冲击，某些产业会受成本与政策的影响而转移到其他国家，这给中国产业发展、布局等带来极大的挑战。东盟国家的劳动力成本比中国的更为低廉，再加上便利化、公平化的投资环境，吸引着中国的低端产业。在高附加值的产品竞争面前，中国又难以与发达国家的高附加值产品相比，溢价能力远不如发达国家。因此，中国的产业链发展陷入了新的困境。

三是有效扩大金融服务，逐步促进人民币国际化。RCEP 在金融服务方面也规定了很多内容，包括证券、保险、货币转移、外汇等一系列金融服务，为区域内金融交易提供便利，使得区域内人民币国际化具备更有利的推行条件。到目前为止，东盟国家已经成为人民币国际化的优先推行区域，越来越多的东盟国家使用人民币进行结算，人民币在东盟国家的渗透率不断增加。随着区域内贸易往来的不断深入，会有更多的国家使用人民币作为交易结算的优先选择，人民币的投资与储蓄功能日渐重要。这意味着美元的霸权地位逐渐被撼动，人民币汇率稳定，逐渐摆脱美元外汇储备的控制。

作为服务贸易大国，中国的服务贸易额稳居世界第二。中国不断推进服务贸易创新试点，服务贸易的竞争力不断增强，已经具备日渐增强的国际服务贸易信心和能力。服务贸易原本就很复杂，加上数字技术在贸易当中的应用，使得传统的服务贸易形态发生了巨大的改变，数字主权争议也增加了服务贸易的限制。RCEP 灵活的市场准入承诺机制为中国服务业发展提供了良好的机遇，处于竞争弱势的服务业能够有时间进行产业结构调整，具有竞争优势的服务业能够有机会进入其他成员国参与竞争。

四是促进贸易规模扩大，进一步吸引投资增加。中国与 RCEP 成员国之间的贸易关税额占贸易总量的三分之一，东盟是我第一大贸易伙伴，日本和韩国也是我国重要的贸易伙伴。中国与日本的贸易协定是在双方多方面贸易壁垒削减背景下签订的，并且有大部分的关税都将在 RCEP 生效时达到完全免除的状态，这能极大地促进中国的出口。在通关便利化方面，各成员国在海关检验检疫流程等方面作了便利化的承诺，如在货物跨境时承诺尽量在 48 小时内放行，生鲜等有时效性的产品尽量在 6 小时内放行，这将有效地加快通关速度和加大贸易规模。在电子商务方面，各成员国都承认电子签名的法律效力，协力促进无纸化贸易，从制度上保证了跨境电商的发展。

各国在服务贸易方面都作出了较高开放水平的承诺。投资方面，各成员国都尽最大可能降低外商进入门槛，增强投资和营商环境的公平性和便利性，提高政策透明度，加强政策宣传与咨询答疑服务。区域内各种便利化的措施和优惠的条件，旺盛的消费需求和充分的生产能力，以及良好的投资环境等市场基础，能够强力地吸引外资进入。中国是区域内产业链最完善、产品种类最齐全的国家，RCEP 能促使越来越多的外资进入中国。

五是实现规模经济及产业转型升级，有效带动中小企业发展。RCEP 极大地减少了成员国之间的贸易壁垒，减少了贸易成本，促使区域内贸易自由化。产业转移成本降低也使得劳动密集型产业逐渐向劳动力成本更低的东盟国家转移。同时，人工智能、大数据、工业互联网等数字技术替代了大量低技术性、重复性劳动，导致劳动力密集型产业不得不转型。此外，附加值较高的高端产业也容易受到来自发达国家同类产业的冲击，倒逼我国加大技术创新力度，加速产业转型升级，优化产业布局。

当前跨境电商为中国进出口贸易贡献了 30% 的份额，随着 RCEP 进程的深化，区域内跨境贸易更加便利化、低成本化，相关中小企业也能够更好地参与成员国之间的跨境贸易，乘着跨境电商的风口实现高速发展。中小企业能够在原产地累计规则下获得更大的发展优势，进而获得更大的利益。贸易数字化和自由化能够进一步促进中小企业融入区域产业链、价值链。

（三）TPP、TTIP 可能给中国贸易发展带来的挑战

一是抑制中国出口，进一步提高中国贸易成本。长期以来，美国一直以各种理由对中国实施贸易保护主义，进而对中国贸易进行制裁。中国是最典型的贸易出口导向型国家，TPP 和 TTIP（跨大西洋贸易与投资伙伴协议）正是美国对中国实施制裁的重要手段，作为跨越三大洲的经济总量庞大的贸易合作协议，TPP 和 TTIP 必然对中国的出口贸易带来极大的影响。中国的经济发展深受亚太地区格局的影响，对美国和东亚国家的出口额超过外贸总额的50%。欧盟也是中国不可割舍的贸易伙伴。中国目前是全球出口量最大的国家，主要原因是中国的产业属于劳动密集型，多数发达国家对劳动密集型产品进口缺口较大，这才成就了中国出口贸易。TPP 和 TTIP 为成员国之间的进出口贸易提供极大的便利和较低的成本，内部贸易挤出了原本属于中国的出口贸易份额。TPP 内部建立的关税同盟极大地增加了中国对外贸易成本，阻碍了中国国际竞争力的增强。随着越来越多的亚太国家加入 TPP，中国对外贸易环境进一步遭受破坏，国际生存空间被迫进一步压缩。此外，零关税对于 TPP 成员国来说几乎等同于贸易壁垒的消失，不仅商品进出口受到极大影响，国际资本流动也受影响颇深。国际资本倾向于在成员国之间流动，尤其是美国和日本这两个世界上主要的资本输出国，其资本投资主要流向内部成

员国，对于中国这样十分依赖资本投资的国家来说深受打击。

二是削弱中国在国际贸易规则制定中的话语权，阻碍中国制造业的发展。美国推行 TPP 和 TTIP 谈判，最主要的目的是建立以美国为首的发达国家共享全球利益的分配体系，在此基础上控制全球贸易市场，把对其经济地位有威胁的经济体排除在外，力争掌握全球贸易规则制定的话语权，维护其全球贸易的霸主地位。TPP 的市场准入标准较高，进而形成较高的贸易标准，从而提高成员国贸易产品的质量，提升成员国的国际竞争力。对于非成员国来说，较低水平的产品受到市场排挤，极大地减少了中国制造业产品的出口，限制了中国制造业的发展。日本、越南等国是 TPP 的成员国，也是中国的邻国，与中国有十分密切的贸易往来。TPP 的达成将不利于中国与这些国家的贸易往来，甚至会造成中国与这些贸易伙伴的隔阂与矛盾。同时，TTIP 使得欧美国家的投资壁垒被削弱，国内的资本在逐利的驱动下转移到欧美市场进行投资，这将给中国的市场造成较大的损失。

第七章　对策与建议

　　针对京津冀三地自由贸易试验区联动发展所面临的实际问题，本研究认为三地自由贸易试验区应基于优势互补、共建共享、协同协作的基本原则，以制度创新为核心，差别化探索自由贸易试验区改革自主权限，加强制度创新的系统集成性，形成一套相对完善、多领域覆盖的"组合拳"，强调以"破壁"为导向的制度性改革，以产业链跨区域重构、海关等部门跨区域业务流程再造、创新生态跨区域兼容，突破自由贸易试验区关键领域跨区域、跨部门条块分离现象，推动京津冀三地自由贸易试验区的联动发展向更深层次迈进。

　　在空间布局方面，第一阶段考虑在三地交界的大兴机场和副中心等地带设立自由贸易试验区联动发展先行启动区域，第二阶段考虑拓展延伸三地自由贸易试验区联动地带，规划布局京津冀自由贸易试验区走廊，第三阶段结合京津冀三地自由贸易试验区联动的功能定位，按照差异化、精细化思路，以高技术产业（包括制造业和服务业）为融合载体，以贸易制度兼容和通关物流体系一体化为关键抓手，强化京津冀自由贸易试验区走廊上的核心节点的联结；在要素流通枢纽建设方面，鼓励在副中心吸引具备全球资产配置能力的金融机构以及碳交易平台等绿色资产配置机构，完善三地自由贸易试验区的户籍、住房和公共服务保障，推动自由贸易试验区之间人才共用；在促进贸易便利化方面，依托"单一窗口""智慧海关"建设强化通关、转关流程自由化、便利化，依托京津陆海"一港通"完善区域空海陆供应链，建设国际化区域物流网络体系，进一步深化多式联运，依托跨直属关区直供业务强化三地各关区的海关协同监管，同时进一步明确跨境服务贸易负面清单管理制度；在促进投资自由化、便利化方面，依托外商投资准入前国民待遇加负面清单管理制度进一步深化投资领域改革，加强事中事后监管，优化境外投资外汇管理流程，探索建立承接产业转移合作机制和招商引资信息共享机制，支撑鼓励三地自由贸易试验区抱团参与"一带一路"中蒙俄经济走廊、中巴经济走廊建设并做好服务保障；在产业链融合方面，加强三地自由贸易试验区高技术企业之间的协同创新，发挥北京科技资源对周边园区的辐射带动效应，加强三地各园区之间的产业对接渠道建设，探索构建"链长制"以推动临空经济、国际物流、融资租赁、数字经济等优势产业的协同发展，尤其是聚焦数字经济等新兴领域，推动数据安全有序流动，建立三地自由贸易试验区统一数据开放平台；在营商环境优化方面，推进政府服务"同事同标"和"不见面"审批，健全"一站式"服务功能，推进"区块链+跨省通办"，建立统一的社会信用体系和奖惩联动机制，降低制度性交易成本。

一、逐步完善顶层设计，助力三地自由贸易试验区联动发展

应明确京津冀自由贸易试验区走廊的空间布局整体设想。一是在北京、天津、河北交界地带划定自由贸易试验区联动核心片区（即京津冀自由贸易试验区走廊中的"一核"），核心片区内重点承载自由贸易试验区发展的高端服务功能和重要的政务保障功能，高端服务功能区内重点形成高端金融业集聚功能分区、高端数字化服务贸易片区、高端物流枢纽服务业集聚片区，政务保障功能区内形成商务、海关、税务、交通、金融监管、会计审计、法律仲裁、人力社保等集成式政务服务办公区，由该集成式职能机构协调京津冀三地的相关上级管理部门办理相关审批手续，二是以三地交界地带的核心片区为产业枢纽，形成核心片区与北京、天津、河北内部各原有贸易片区之间的联动发展轴（即京津冀自由贸易试验区走廊中的"产业联动轴"），挖掘三地原有各贸易片区的特色优势，如发挥北京"两区"优势，在数字贸易方面形成"北京为源、津冀为渠"的数字贸易合作链条，做实"轴带"内的核心产业载体；三是以三地交界地带的核心片区为传动轴，形成"北京研发、津冀制造"的高技术产业发展轴（即京津冀自由贸易试验区走廊中的"创新联动轴"），前期阶段可利用政策工具给予经核心片区转化的技术成果相应的创新激励（补贴、税收优惠等政策工具），引导京津冀三地自由贸易试验区成为京津冀范围内重要的技术成果转化高地，培育三地自由贸易试验区的内生创新驱动力；四是以三地交界地带的核心片区为物流通道枢纽，形成多式联运、高效便捷的"点对点"

京津冀三地自由贸易试验区物流体系①（即京津冀自由贸易试验区走廊中的"物流联动轴"）。最终形成"一核三轴"京津冀自由贸易试验区走廊空间发展格局。

应明确三地自由贸易试验区贸易便利化方面的顶层设计。一是由交通运输部基于全国路网设计规划制定与全国物流运输通道建设相统一的区域性自由贸易试验区间物流通道建设纲要，引导三地自由贸易试验区所在行政区政府积极参与自由贸易试验区间物流通道规划设计，因地制宜，鼓励自由贸易试验区间建立起通畅健全的物流联系网络，坚持统一规划、统一标准、统一政策、统一管控，深化自由贸易试验区间物流一体化监管；二是联合国家发展改革委一带一路建设促进中心等部门，推动三地自由贸易试验区积极与"一带一路"沿线国家和地区加强物流通道联系，重点发挥京津冀世界级港口群和京津冀世界级机场群在自由贸易试验区对外物流大通道建设的优势；三是充分发挥海关总署在自由贸易试验区通关一体化联动的作用，由海关总署制定出台支持京津冀三地自由贸易试验区发展的区域性的通关全链条与全流程便利化措施，重点针对京津冀三地各自由贸易试验区的主要运行特色，进一步深化"放管服"改革，给予各自由贸易试验区进行深化通关便利化改革的政策空间，鼓励探索建立更为完善的跨关区审批交叉授权和审批互信机制，支持京津冀三地自由贸易试验区与"一带一路"沿线国家和地区进行信息互换和通关监管合作；四是在京津冀"单一窗口"现有功能的基础上，支持各自由贸易试验区依据自身运营特征拓展特色服务功能，牵头制定京津冀现代化口岸协同建设规划，推进各口岸建设智慧转型方向一致、步调协调；五是联合税务总局鼓励自由贸易试验区间积极探索制定标准统一的多元化申报模式和税收担保模式；六是积极推动商务部以及市场监管总局在优化口岸营商环境中发挥更大的作用，督促北京、天津与河北地区的各口岸经营单位持续深入清理并精简收费项目，进一步明确收费项目名称和项目服务内容，鼓励京津冀内各口岸针对周边自由贸易试验区制定出台统一的收费计费方法，商务部要与海关、海事、市场监管总局等部门加强合作，推动各口岸积极探索并实行政务服务事项一体化办理，推动检验

---

① 京津冀自由贸易试验区走廊中的"物流联动轴"建设思路不同于京津冀交通一体化建设，不是全域覆盖的思路，而是有针对性地围绕自由贸易试验区间联动建设快速高效的物流体系，更强调以自由贸易试验区联动为导向。

检疫模式改革，优化食品、化妆品等类别的检验检疫监管模式，推进商品检验采信第三方机构检验结果。

应明确三地自由贸易试验区投资便利化方面的顶层设计。一是整体设计三地自由贸易试验区之间的平台建设规划。通过搭建信息共享平台，京津冀三地自由贸易试验区可实现在投资准入、投资管理、投资促进与保护等方面的信息共享，推动三地自由贸易试验区信息沟通与数据充分流动，打破信息壁垒，提升投资智能化管理水平。发挥好展会平台的投资促进作用，开展形式多样的投资促进活动，加大对外商投资的吸引力度，促进众多项目与资金落户。二是整体设计三地自由贸易试验区对外经贸合作的整体方案。近年来，服务和融入"一带一路"、中蒙俄经济走廊建设已成为促进经贸合作的重要路径，有助于探索"引进来"的新路径和"走出去"的新优势。京津冀三地自由贸易试验区应组团与"一带一路"、中蒙俄经济走廊的沿线国家和地区开展经贸合作项目、投资项目建设，在加快丝绸之路经济带发展与建设的同时，实现三地自由贸易试验区全面和加速联动，推动形成三地共赢的局面，打破在制度和机制层面阻碍投资便利化的各种"软性壁垒"。三是整体设计三地自由贸易试验区投资联动的组织架构，为快速响应各地区政策变化，掌握投资现状，京津冀三地自由贸易试验区需要成立一个专门机构或项目组，由京津冀三地相关部门负责人参加，统筹协调自由贸易试验区内的整体事务。从组织架构驱动的角度来看，跨省域的组织设计可以使自由贸易试验区间的联系更加紧密，更能直接参与投资政策制定、"跨省通办"，从而更好地发挥自由贸易试验区的特色与优势。同时，跨省域的组织设计可以使各部门负责人不会只关注各自由贸易试验区内的投资便利化措施，而是会加强对三地自由贸易试验区整体在投资促进、保护与管理等方面的关注，从而更加有效地考虑区域整体利益，推动自由贸易试验区联动发展。此外，跨省域的组织设计可以加强各部门之间的联系与沟通，清除自由贸易试验区联动发展中遇到的三个行政区不同部门的对接障碍，厘清联动过程中各部门的责任。

应明确三地自由贸易试验区要素流动一体化方面的顶层设计。一是联合京津冀三地自由贸易试验区负责金融领域监管的相关部门，成立统筹三地自由贸易试验区金融一体化监管机构。二是探索形成京津冀三地自由贸易试验区统一的金融监管制度，对京津冀三地自由贸易试验区的金融风险进行统一的监测和预警，同时确定一批相互认可的金融工具和机构，探索建立推动金融产品跨区域流动的金融交易联网平台。三是清除三地自由贸易试验区信息不对称的障碍，探索建立京津冀三地自由贸易试验区联合授信机制，逐步扩展京津冀三地自由贸易试验区企业和个人信用信息覆盖深度，加快建立京津冀三地自由贸易试验区征信大数据服务平台，逐步整合三地自由贸易试验区公积金、社保、财政、银行等公共信用信息，健全完善京津冀一体化征信体系

应明确三地自由贸易试验区产业链、创新链和供应链对接方面的顶层设计。一是三地自由贸易试验区应构建管理联合的协同推进机制，实行一体化的管理手段和管理方式，努力打造运转顺畅、发展高效的协同发展管理机制。二是京津冀三地联合编制并出台《京津冀产业协同发展实施方案》，围绕产业规划、产业链协同、集群培育、项目推动等方面确定重点任务，确定三个地区的产业定位及产业环节分布，加强京津冀三地自由贸易试验区内部同类产业协同布局和协调发展，形成要素培育引进、功能载体打造的协同机制。三是在战略定位、片区分布和改革试点任务等方面保持特色、协同发展，加强生产要素在京津冀三地自由贸易试验区自由流动，形成制度集成创新，打造更具竞争力、影响力的产业链和供应链。四是促进产业链协同打造，积极建立"总部+基地""研发+生产""贸易+基地""平台+服务"等产业协作发展模式，形成点、线、面结合的体系化产业闭环，在更大范围延展产业链、重塑价值链；支持链条上平台创新发展，打通全链条产业服务体系，统筹推进三地自由贸易试验区在新材料、智能制造、数字经济等重点产业引领性技术的重大创新设备、重大技术创新平台建设，实现各类功能平台的信息流通和资源共享。

应明确三地自由贸易试验区创新生态营造方面的顶层设计。一是国务院应当深入贯彻并落实习近平总书记关于推动自由贸易试验区创新发展方面的指示，进一步编制有关京津冀三地自由贸易试验区建设的方案，在建设方案中强调创新生态打造，积极推动创新驱动发展。二是着重人才全流程服务体系的优化、知识产权保护和国际一流创新生态营造。三是人力资源和社会保障部门应当推进京津冀三地落实国务院关于自由贸易试验区人才资源管理的有关政策，进一步放宽人才资源在三地自由贸易试验区内外的流动限制，在三地自由贸易试验区内加快落实人才制度改革全覆盖试点任务，将行之有效的制度模式和改革措施进行推广。四是工信部应当推动京津冀三地落实国务院有关自由贸易试验区企业经营许可方面的政策措施，明晰政府和自由贸易

试验区内企业责任，完善简约透明的行业准入规则，进一步扩大企业经营自主权，打造市场化、法治化、国际化的营商环境，激发自由贸易试验区微观主体活力。五是知识产权局需贯彻落实中共中央、国务院关于优化营商环境和深化"放管服"改革的决策部署，释放知识产权机构改革的综合管理效能。六是应当加快推进京津冀三地知识产权体系和保护工作建设，鼓励自由贸易试验区知识产权保护和服务机制创新，推动成立自由贸易试验区管委会知识产权局，挂牌成立知识产权法庭。

应明确三地自由贸易试验区营商环境优化方面的顶层设计。一是整体设计三地自由贸易试验区的政策共用方案，在自由贸易试验区发展的过程中，可能存在部分工作由单独一个自由贸易试验区推动较为困难的情况，需要由国家进行顶层设计，对改革创新作出深层次的引领，通过各职能部门的职权横向串联，形成一体化格局，实施影响力较大的区域性集成改革措施，为国家发展大局提供更好的服务；原则上应允许三地自由贸易试验区在风险可控的前提下，结合其自身发展需要与实际发展条件，复制推广其他自由贸易试验区已经取得较大成效的改革成果。二是整体设计促进三地自由贸易试验区信息共享的具体方案，构建自由贸易试验区政府信息资源共享法律保障体系，中央层面需有政府信息公开和政府信息资源共享基本立法的顶层设计。三是联合行政部门与立法机关创立联席会议制度，引进对国际规则熟知的高质量法律专业人才，对自由贸易试验区的法律法规及时进行相应扩充或更新调整。

二、依托海关协同口岸，提升贸易便利化水平

在强化物流联系方面，要推动三地优势的物流资源平稳对接，加快构建以多式联运为主体的自由贸易试验区间物流格局。一方面要针对京津冀范围内大宗货物建立绿色集疏港体系，推动由天津和河北各港口入关的大宗货物通过铁路、水路、封闭式皮带廊道等方式集疏港，将货物发往目的地。另一方面要沿着顺义片区—滨海新区—曹妃甸片区—正定片区的物流运输走廊，引导各节点发挥物流优势，打造分布合理的多式联运格局。要依托发挥北京的航空优势，引导顺义片区打造京津冀三地自由贸易试验区航空运输集散地；依托发挥天津港与周边曹妃甸港等港口优势，围绕滨海新区以及曹妃甸片区

打造京津冀三地自由贸易试验区海港运输集散地；依托发挥石家庄国际陆港作为中欧班列的节点优势，围绕正定片区打造京津冀三地自由贸易试验区铁路货物运输集散地。要建立起企业、园区绿色集疏运体系，支持引导年运量达到一定规模以上的企业和园区接入铁路专用线或管道，进一步丰富京津冀三地自由贸易试验区间多式联运的"毛细血管"。

在海关协同监管方面，应基于新型业务要求推动不同自由贸易试验区之间的海关协同监管模式建设，形成责任共同体系，避免责任不清、事权不明的情况发生；同时，以当前的"一中心、四平台"为基础，将 H2010 系统作为核心，对各地区海关目前使用的应用系统、业务信息系统、分析监控系统和各种子平台进行重组、统一、连接和协调，并促进系统线上流转程序不断简化。在通关一体化方面，以"公共平台"模式为蓝本推动京津冀口岸"单一窗口"建设，建立面向企业的公共信息处理平台，引导各区域口岸管理部门联合入驻，提升京津冀区域内通关一体化水平；同时，要深化海关和检疫"一次申报、一次查验、一次放行"的通关模式，推动建立定期合作机制，在不同地区的口岸管理部门之间相互交流信息、相互监管互认、相互协助执法。主动对接 RCEP 和 CPTPP 的通关标准，建设一致的高效率通关环境。

在口岸营商环境方面，一是要推进天津、河北两地港口的协同建设与发展。要统筹考虑京唐港、天津港、黄骅港、秦皇岛港、曹妃甸港各自的地理位置、港口建设情况和交通便利性，进一步明确各港口的功能布局，从更高层次上探讨和制定京津冀港口群的发展战略，突出强调差异化发展和错位竞争；同时，促进交通运输系统建设不断强化，将铁路和高速公路作为交通运输系统的主体，将水路和普通公路作为交通运输网络的补充，进一步优化天津和河北港口集疏运系统。二是要规范港口秩序。京津冀三地联合探索如何搭建口岸通关企业服务平台，建立"首问负责、专人对接、一管到底、全程代办"的服务管家机制，通过政府采购服务的方式引入货运代理、船舶代理、船厂运营商等第三方服务机构，以规范口岸市场秩序。三是要减免港口收费。可以参照长三角地区港口收费执行规则和标准，免除进出口公司的报关报检代理费、货运代理服务费和出口集装箱运抵集港费，对电子数据传输费、押箱费、集装箱操作费等其他服务收费采取降低的措施。四是要强化港口间数据共享。构建津冀港数据服务中心，建立数据完整的港航大数据平台，以实现相邻港口间的泊位航道等资源共享，减少等待时间，提升整体运行效率，吸引更多的国际航运资源。

三、优化投资准入信息共享和外汇管理，提升投资便利化水平

在投资管理政策方面，加大政策支持力度，加强京津冀三地自由贸易试验区投资便利化的顶层设计，出台相关政策文件，落实三地自由贸易试验区投资合作的具体内容；三地自由贸易试验区应加强商务局、市场监管局等部门的合作机制共建，及时沟通处理业务过程中遇到的问题，学习借鉴自由贸易试验区投资便利化方面的改革经验，促进三地自由贸易试验区经验的复制与推广。

在一体化合作机制方面，三地自由贸易试验区应积极打造外商投资信息共享平台，促进跨自由贸易试验区的信息共享，实现外商企业的信用等级、经营情况等方面数据的联动共享。三地自由贸易试验区应将申诉渠道打通，健全申诉工作机制，对外国公司的申诉问题进行及时处理，并强化对外国投资者的合法权利的保障，实现外商投资企业纠纷案件公正高效处理，依法平等地保护外国投资者的合法权益，为三地自由贸易试验区跨境投资自由化、便利化实施提供良好的环境。应建立健全重大外资项目工作专班制度，提升三地自由贸易试验区外商投资服务水平，充分发挥重点外资项目工作专班的服务作用，加强项目全流程的跟踪服务，协调解决项目推进过程中遇到的困难。

在外汇管理方面，推动自由贸易账户在北京和河北开通运行，缩小三地自由贸易试验区在外汇管理方面存在的差异。在自由贸易账户下，企业不仅能够进行跨境交易中的本外币结算，还能够进行国内日常运营所需要的人民币结算，有助于提升自由贸易试验区资金流动的便利性，提高资金转换和付汇效率。此外，三地自由贸易试验区应重视外汇管理制度改革，优化直接投资外汇登记手续，探索构建更加便利、规范、透明、高效的外汇管理体系。针对自由贸易试验区内外汇业务复杂性与特殊性的特点，应进一步完善自由贸易试验区外汇风险管理，防范跨境资金流动的系统性风险，优化风险监测指标，形成风险预警体系，加强对外汇业务的动态检测。

四、完善金融一体化和人才保障模式，
提升要素流通水平

在推进金融市场一体化方面，京津冀三地自由贸易试验区借鉴欧亚经济联盟制定《统一金融市场纲要》的经验，也对三地自由贸易试验区金融市场的统一发展作出了部署，并对实施期限进行了五个阶段的规划：第一阶段，建立健全金融市场一体化结构，拥有三地自由贸易试验区互认互信的金融工具和机构，确保信息透明与金融市场的协调发展，同时共同探索金融产品和服务的创新，进一步提升服务实体经济的能力；第二阶段，在三地自由贸易试验区内积极推动金融市场的规范化建设，以保证三地自由贸易试验区内信息的透明化；第三阶段，设立三地自由贸易试验区综合金融监督管理中心；第四阶段，打破影响三地自由贸易试验区间资本、投资、金融等要素充分高效流通的壁垒；第五阶段，对金融市场与金融监管进行完全整合，在此基础上进一步加强与完善，并逐步向一体化、规范化转变，最终形成一个完整的金融市场体系。

在人才吸引及保障措施方面，京津冀三地自由贸易试验区应重视人才成长环境建设，探索与国际接轨的人才培养和保障制度，完善创业人才培养体制机制，拓展科技与管理服务空间，实施有预见性的打造工程，避免高端人才流失；借鉴昆明自由贸易试验区建设外国高端人才服务"一卡通"试点的经验，三地自由贸易试验区应畅通吸纳紧缺人才绿色通道，建立"一卡通"境外高级人才服务试点，建立健全对境外高级人才的支持体系，打通境外高级人才的进入渠道；利用建立三地自由贸易试验区人才科创园的方式，对三地自由贸易试验区内的高校和科研院所进行整合，从而让高素质的科创型人才可以在不同的区域之间进行互动交流，促进人才流通，推动人才引进程序统一化、便利化。

五、推动三地自由贸易试验区
产业链对接协作和供应链协同发展

在产业链对接协作方面，深入开展差别化探索，探索产业协同发展路径，

协同推进自由贸易试验区的建设。京津冀三地自由贸易试验区要进一步明确各自的产业特色，细化产业分工，避免同质化竞争，实现优势互补，缩小三地自由贸易试验区发展的差距，促进三地自由贸易试验区协同发展；深化产业链协同发展，把三地自由贸易试验区建设成一个新的产业合作平台，在跨区域的产业合作方面进行创新，并探索构建出总部—生产基地、园区共建、整体搬迁等多种产业对接合作模式；重点聚焦新一代信息技术、生物医药、汽车等区域优势产业，三地自由贸易试验区共同推进组织跨区域合作，全力打造国家级区域先进制造业集群；加大三地自由贸易试验区数字产业关键技术协同创新力度，突破"卡脖子"瓶颈，引导三地自由贸易试验区共同参与数字产业应用系统建设和场景运营，拓展数字产业创新发展空间；深入推进创新协同，加强跨区域共性关键技术的联合研究和攻关，推进创新资源的开放共享，深化技术转移转化服务体系高效协同，加强技术交易机构数据整合共享和互联互通；联合搭建开放创新平台，举办转移对接、主题招商和项目撮合活动，利用线上、线下等多种渠道推介发布项目，组织开展对接洽谈，促进产业协同协作；加快建立要素跨区域流动机制，深化三地自由贸易试验区产业升级转移的合作机制，促进三地自由贸易试验区在研发设计、生产销售和物流运输等方面的合作，以推动三地自由贸易试验区产业链对接协作。

在供应链协同发展方面，三地自由贸易试验区要把区域金融合作与金融开放作为重点，推动地区之间的金融合作向纵深发展，推动三地自由贸易试验区内的金融创新，对好的创新方法进行复制和推广，通过绿色金融发展助推三地自由贸易试验区联动发展；推动落实"白名单"制度，梳理市级产业链、供应链"白名单"企业，切实加强对京津冀三地的"白名单"企业的服务，实现区域间有效衔接；持续推动供应链创新和应用，鼓励并支持在三地自由贸易试验区部署供应链创新与应用试点示范创建工作，聚焦战略前沿和制高点领域，按照系统筹划、示范引领、全面提升、创新发展、绿色环保、提质增效原则，推动供应链与互联网、物联网深度融合，强化人工智能等新技术、新模式应用，推广重点企业经验做法，并在此基础上建立供应链协同、交易与服务的跨行业、跨地域的示范平台，推动区域供应链一体化发展。

六、营造支持孵化、合作共赢和产权保护的创新生态

在支持创新型小微企业发展方面，京津冀三地自由贸易试验区应建立贴近创新者、服务草根创业企业的风险投资机制，在风险分担、降低税负、资金募集、股权交易等政策领域借鉴上海自由贸易试验区的建设经验，加大改革力度，扩大社会资本的参与，大力扶持基层创业资本；注重引入和培养风险投资人才，任命经认可的指导合作伙伴，为首次创业者提供指导和创业资本；构建分工协作、定位明确的招商政策，加大对创新主体的投资力度，对不同类型的研发机构、创新示范区等给予差别化的扶持；在行政审批机制改革领域学习借鉴广东自由贸易试验区施行的外资准入管理模式，探索扩大"多证合一"企业注册的范围，对工商行政管理部门加载海关备案信息工作进行优化，吸引更多有潜力的创业人员在自由贸易试验区扎根创业，推动更多有潜力的创新想法落地生根。

在优化创新孵化服务体系方面，京津冀三地自由贸易试验区应积极研究配套政策、加大资金支持力度、完善创业孵化环境、营造创新创业氛围、进行科技计划项目管理，全力打造创新创业全链条的孵化服务体系，建成完善的孵化平台运营管理机制，提升创新创业载体的服务能力，学习川渝自由贸易试验区协同开放示范区建设经验，通过将各类高校、科研机构等主体紧密联合起来，构建起一个产业研究协同、创新、融合的资源网络，形成多主体协同的创新孵化器，搭建完整的孵化链条，提升孵化服务能力，帮助新创企业更快地融入自由贸易试验区创新创业生态环境，获得更便利的创业资源支持；加紧完善孵化平台的运营管理机制，明确不同创新创业载体的产业和功能定位，提升创新创业载体各个方面的服务能力，逐步打造完整的创新创业全链条孵化服务体系。

在协同创新合作机制建设方面，京津冀三地自由贸易试验区应积极引导企业与周边企业共建创新平台，通过政府引导，高校、科研院所协同联动，共建成果孵化基地和科技企业孵化器，培育多元化科技创新主体，激发创新活力；借助举办专家座谈会、联谊会等方式多渠道引入自由贸易试验区发展紧缺人才；鼓励跨国公司在三地自由贸易试验区设立研发中心，展开"反向创新"；进一步建立完善科技创新资源共享机制，帮助创新企业在自由贸易试

验区内更好地获取和共享相关科技资源，促进三地自由贸易试验区创新企业信息流通，提高资源利用率，更好地促进区域协同创新。

在知识产权保护和数据信息保护方面，京津冀三地自由贸易试验区应积极推进知识产权交易与运营中心的建设，并在此基础上谨慎、规范地探索知识产权证券的发展，加快颁布相关的政策措施，广泛深入开展知识产权相关调研宣传，提高企业和科技人员的专利意识；完善自由贸易试验区知识产权保护工作机制，优化知识产权交易体系与交易机制，强化建设知识产权保护体系；借鉴川渝自由贸易试验区协同开放示范区通过签署知识产权司法保护合作备忘录，确立知识产权司法保护信息共享机制的经验；参考借鉴国际标准、准则等制定保护个人信息的法律框架，如 DEPA、CPTPP 和 RCEP 所采用的保护在线消费者隐私权益的相关法律框架，明确要求参与企业公布个人信息保护的相关要求以及企业对个人信息保护的政策和程序。

七、完善跨区域协同机制，提升营商环境整体水平

在政策共用方面，加强京津冀三地自由贸易试验区改革的系统集成，在国际贸易"单一窗口"等一系列有影响力的系统集成创新、改善营商环境、工程建设项目审批等制度改革的基础上，进一步加强根本性、整体性、系统性、协同性的制度改革，尤其是要加快多部门间的联合协同创新，协同推进改革项目；积极推动三地自由贸易试验区"总体方案"与"深化改革方案"同步，有效解决三地自由贸易试验区内跨部门改革创新进程较为缓慢的问题；加快推进三地自由贸易试验区的配套政策措施落地，避免配套政策措施滞后问题，减少改革创新"碎片化"现象；探索通过立法赋予三地自由贸易试验区更多的改革自主权，进一步梳理需要赋权的事项，明确赋权主体和承接路径，构建相对独立、完善的自由贸易试验区管理工作机制，允许三地自由贸易试验区在赋予的权限以内自主探索制度创新，推动三地自由贸易试验区的相关改革进程。

在信息共享方面，推动三地自由贸易试验区数字要素自由流动，加强三地自由贸易试验区技术交易机构数据整合共享和互联互通，积极对接和运用国际数字贸易规则，制定三地自由贸易试验区通用的重要数据保护目录，以及数据安全风险评估、监测预警、应急处置机制，加快构建与国际接轨的高

水平数字贸易开放体系；打破数据壁垒，全面推进数据共享、电子证照应用、电子签章、电子档案等全流程网上办事应用，扩展网上办事深度，推进更多事项"全程网办"，利用大数据、人工智能等技术，继续推出一批事项"秒批""刷脸办理"；加强三地自由贸易试验区的信息共享、案件协查、处罚标准等执法协作层面的深度交流合作，简化三地自由贸易试验区执法案件移送办理流程，建立健全三地自由贸易试验区综合执法制度，通过综合执法改革打破原有以部门为本位的行政管理体制，建立跨区域、跨部门的统一、规范、高效的综合行政执法体制，提升执法信息互联互通水平；扩大交通运输信息数据共享范围，持续推进高频政务服务事项"跨省通办"，推动道路运输电子证照推广应用，研究推进在省际客运、超限超载等领域开展信用治理；加强信息安全机制保障，推动三地自由贸易试验区内各部门之间建立起一套统一的、可进入的、可获得的、可使用的、可共享的、可保护的政务信息资源。

在机制共建方面，建立一套规范的监督体系，根据三地自由贸易试验区改革的需要，对其进行事中事后的动态监督，并进行系统的优化；构建符合服务贸易、离岸贸易和新型贸易业务发展需要的监管方式，推动"一次申报、一次查验、一次放行"模式的实行，特别是加快促进与之配套的社会信用体系大数据、企业年度报告公示数据等的共享，形成信息共享机制；三地工信部门要尽快签署新一轮战略合作协议，在前期会商机制的基础上进一步优化沟通渠道，力争在复工复产、规划布局、产业对接等方面发挥更大的作用；构建多元化纠纷解决机制，在探索构建三地自由贸易试验区涉及知识产权诉讼案件审理制度的同时，推动仲裁及调解制度不断完善；构建以区块链可信安全数据为基础的"全流程、全覆盖、全时段、全周期"政务服务"跨省通办"生态联盟模式，进一步完善三地自由贸易试验区"异地受理、内部协同、多地联办"的沟通保障机制；推动三地自由贸易试验区加快建成统一的社会信用体系及奖惩联动机制，打通三地自由贸易试验区各市场监管部门的数据链条，建立部门间协同监管、鼓励社会力量参与市场监督的"社会共治"模式，提高政府监管的透明度，优化政府监管流程，降低监管成本，促进营商环境的改善和优化。

参考文献

［1］巴曙松，柴宏蕊，方云龙，等．自由贸易试验区设立提高了金融服务实体经济效率吗?：来自沪津粤闽四大自贸区的经验证据［J］．世界经济研究，2021，334（12）：3-21．

［2］白仲林，孙艳华，未哲．自贸区设立政策的经济效应评价和区位选择研究［J］．国际经贸探索，2020，36（8）：4-22．

［3］蔡玲，杨月涛．自贸区政策与经济增长［J］．现代经济探讨，2021，474（6）：68-76．

［4］曹广伟，宋利朝．全面深化经济体制改革的"试验田"：中国（上海）自由贸易试验区的制度创新［J］．中国特色社会主义研究，2013，114（6）：78-82．

［5］曹旭平，朱福兴．上海自贸试验区制度创新外溢效应研究：以江苏为例［J］．改革与战略，2016，32（2）：72-75．

［6］陈少晖，张锡书．产业结构高级化、贸易开放度与福建经济增长［J］．福建师范大学学报（哲学社会科学版），2016，197（2）：29-36．

［7］陈万灵，胡耀．自贸区设立的经济效应：基于要素流动和经济增长的分析［J］．国际商务研究，2023，44（1）：70-86．

［8］陈媛媛，李坤望，王海宁．自由贸易区下进、出口贸易效应的影响因素：基于引力模型的跨国数据分析［J］．世界经济研究，2010，196（6）：39-45．

［9］程翔，杨宜，张峰．中国自贸区金融改革与创新的实践研究：基于四大自贸区的金融创新案例［J］．经济体制改革，2019，216（3）：12-17．

［10］崔日明，陈永胜．自贸区设立、经济集聚与城市创新［J］．经济理论与经济管理，2022，42（11）：97-112．

［11］寸守栋．国际人才跨区域自由流动机制创新研究：基于美国国家科

129

学基金委（NSF）案例研究与借鉴［J］．企业经济，2021，40（1）：128-134.

　　［12］代丽华，吕雨桐，陈红松．CPTPP数字贸易规则及影响：基于和RCEP的对比分析［J］．长安大学学报（社会科学版），2022，24（3）：22-33.

　　［13］邓慧慧，赵家羚，赵晓坤．自由贸易试验区助推产业升级的效果评估：基于产业技术复杂度视角［J］．国际商务（对外经济贸易大学学报），2020，196（5）：35-48.

　　［14］丁俊发．上海自贸区给物流业发展带来的机遇与挑战［J］．中国流通经济，2014，28（11）：4-7.

　　［15］丁珊，徐元国．自由贸易试验区和长三角一体化协同发展初探［J］．全国流通经济，2020，2252（20）：100-102.

　　［16］杜德斌．破解创新密码［N］．文汇报，2012-11-21（1）.

　　［17］方云龙，刘佳鑫．自由贸易试验区设立能促进企业创新吗？：来自创业板上市公司的经验证据［J］．国际金融研究，2021，413（9）：25-33.

　　［18］方云龙．自由贸易试验区建设促进了区域产业结构升级吗？：来自沪津闽粤四大自贸区的经验证据［J］．经济体制改革，2020，224（5）：178-185.

　　［19］冯帆，许亚云，韩剑．自由贸易试验区对长三角经济增长外溢影响的实证研究［J］．世界经济与政治论坛，2019，336（5）：118-138.

　　［20］冯洁菡，周濛．跨境数据流动规制：核心议题、国际方案及中国因应［J］．社会科学文摘，2021，68（8）：38-40.

　　［21］冯锐，陈蕾，刘传明．自贸区建设对产业结构高度化的影响效应研究［J］．经济问题探索，2020，458（9）：26-42.

　　［22］高增安，李肖萌．自贸区设立背景下的区域创新发展及其影响路径［J］．管理现代化，2019，39（5）：50-54.

　　［23］郭永泉．自由贸易试验区的税收制度：建设进程、创新成效和深化改革［J］．税收经济研究，2019，24（1）：8-16.

　　［24］何杰，唐亮．西部内陆自贸区的经济增长效应研究：基于合成控制法［J］．国际商务研究，2023，44（1）：101-110.

　　［25］何勤，杨琼．上海自贸区贸易便利化对贸易流量影响的实证研究［J］．价格理论与实践，2014，365（11）：98-100.

　　［26］胡艺，张义坤，刘凯．内陆型自贸区的经济外部性："辐射效应"

还是"虹吸效应"？［J］．世界经济研究，2022，336（2）：54-72.

［27］黄建洪．注意力分配视域下自贸区制度创新机理研究：基于自贸区苏州片区若干典型案例的分析［J］．苏州大学学报（哲学社会科学版），2021，42（6）：46-55.

［28］黄丽霞．自由贸易区对区域经济增长的影响：基于广东自贸区成立前后数据对比的 VAR 模型分析［J］．商业经济研究，2017，735（20）：154-156.

［29］黄群慧，倪红福．基于价值链理论的产业基础能力与产业链水平提升研究［J］．经济体制改革，2020，224（5）：11-21.

［30］贾彩彦，华怡然．自贸区片区对城市经济的作用评估：基于地级市层面的多期双重差分法研究［J］．国际商务研究，2022，43（6）：94-104.

［31］江若尘，陆煊．中国（上海）自由贸易试验区的制度创新及其评估：基于全球比较的视角［J］．外国经济与管理，2014，36（10）：71-81.

［32］金泽虎．中国-东盟自贸区降税对我国农业的影响［J］．宏观经济管理，2006（1）：53-54.

［33］康继军，郑维伟．中国内陆型自贸区的贸易创造效应：扩大进口还是刺激出口［J］．国际贸易问题，2021，458（2）：16-31.

［34］蓝庆新，韩萌，马蕊．从国际自由贸易港发展经验看我国自由贸易港建设［J］．管理现代化，2019，39（2）：35-39.

［35］郎丽华，冯雪．自贸试验区促进了地区经济的平稳增长吗?：基于数据包络分析和双重差分法的验证［J］．经济问题探索，2020，453（4）：131-141.

［36］黎绍凯，李露一．自贸区对产业结构升级的政策效应研究：基于上海自由贸易试验区的准自然实验［J］．经济经纬，2019，36（5）：79-86.

［37］李墨丝，应玲蓉，徐美娜．DEPA 模式数字经济新议题及启示［J］．国际经济合作，2023，39（1）：27-36.

［38］李世杰，赵婷茹．自贸试验区促进产业结构升级了吗?：基于中国（上海）自贸试验区的实证分析［J］．中央财经大学学报，2019，384（8）：118-128.

［39］李思奇，武赟杰．国际自由贸易港建设经验及对我国的启示［J］．国际贸易，2018，37（4）：27-33.

［40］李婉星．自贸区背景下政府区域创新问题研究［J］．商业经济研究，2017，734（19）：189-192.

［41］李晓钟，叶昕．自贸试验区对区域产业结构升级的政策效应研究［J］．国际经济合作，2021，412（4）：46-53.

［42］李志勤．高质量发展下自贸试验区创新发展思路：以四川自贸试验区为例［J］．宏观经济管理，2021，448（2）：34-39.

［43］梁权，付锦泉，赵悦．中国-东盟自贸区对河北省产业结构调整的影响［J］．河北学刊，2011，31（6）：219-221.

［44］梁双陆，侯泽华，崔庆波．自贸区建立对于经济收敛的影响：基于产业结构升级的中介效应分析［J］．经济问题，2020，493（9）：109-117.

［45］刘秉镰，边杨．自贸区设立与区域协同开放：以京津冀为例［J］．河北经贸大学学报，2019，40（1）：90-101.

［46］刘秉镰，吕程．自贸区对地区经济影响的差异性分析：基于合成控制法的比较研究［J］．国际贸易问题，2018，423（3）：51-66.

［47］刘秉镰，王钺．自贸区对区域创新能力的影响效应研究：来自上海自由贸易试验区准实验的证据［J］．经济与管理研究，2018，39（9）：65-74.

［48］刘钒，向叙昭．自贸区建设对国家高新区创新效率的影响评估及机制分析［J］．科技进步与对策，2023（9）：1-11.

［49］刘晓宁．双循环新发展格局下自贸试验区创新发展的思路与路径选择［J］．理论学刊，2021，297（5）：59-67.

［50］刘学新，马君潞．自贸区建设发展中的中国产业政策与产业竞争力［J］．现代管理科学，2014，254（5）：32-35.

［51］刘志彪．增强产业链供应链自主可控能力［N］．经济参考报，2021-01-05（1）.

［52］卢迪．上海自由贸易试验区制度创新的演进过程与推进机制［J］．当代经济研究，2018，270（2）：81-87.

［53］罗素梅，周光友．上海自贸区金融开放、资本流动与利率市场化［J］．上海经济研究，2015，316（1）：29-36.

［54］吕洪燕，孙喜峰，齐秀辉．制度创新与企业全要素生产率：来自中国自由贸易试验区的证据［J］．软科学，2020，34（10）：76-83.

［55］马忠法，王悦玥．RCEP 与 CPTPP 鼓励性知识产权条款与中国因应

[J].云南社会科学，2022（4）：142-153.

[56] 彭德雷，张子琳.RCEP核心数字贸易规则及其影响［J］.中国流通经济，2021，35（8）：18-29.

[57] 邱冬阳，曹奥臣，甘珈蔚.设立自贸区促进经济增长存在地区差异吗?：基于准自然实验的实证研究［J］.投资研究，2022，41（11）：65-81.

[58] 全毅.CPTPP与RCEP协定框架及其规则比较［J］.福建论坛（人文社会科学版），2022，42（5）：53-65.

[59] 任春杨，毛艳华.新时期中国自贸试验区金融改革创新的对策研究［J］.现代经济探讨，2019，454（10）：1-8.

[60] 任再萍，黄成，施楠.上海自贸区金融创新与开放对经济增长贡献研究：基于金融业政策效应视角［J］.中国软科学，2020，357（9）：184-192.

[61] 沈开艳，徐琳.中国上海自由贸易试验区：制度创新与经验研究［J］.广东社会科学，2015，173（3）：14-20.

[62] 司春晓，孙诗怡，罗长远.自贸区的外资创造和外资转移效应：基于倾向得分匹配-双重差分法（PSM-DID）的研究［J］.世界经济研究，2021，327（5）：9-23.

[63] 宋炳良.中国产业结构调整与上海自由贸易试验区建设［J］.企业经济，2014，406（6）：5-8.

[64] 宋丽颖，郭敏.自贸区政策对地方财力的影响研究：基于双重差分法和合成控制法的分析［J］.经济问题探索，2019，448（11）：14-24.

[65] 苏振东，尚瑜.京津冀经济一体化背景下的天津"出海口"效应研究：兼论天津自贸区对京津冀协同发展的推动作用［J］.国际贸易问题，2016，406（10）：108-118.

[66] 孙建军，胡佳.欧亚三大港口物流发展模式的比较及其启示：以鹿特丹港、新加坡港、香港港为例［J］.华东交通大学学报，2014，31（3）：35-41.

[67] 孙英杰，林春，康宽.自贸区建设对经济"三驾马车"影响的实证检验［J］.统计与决策，2020，36（23）：70-72.

[68] 谭建华，严丽娜.自由贸易试验区设立与企业技术创新［J］.中南财经政法大学学报，2020，239（2）：48-56.

[69] 谭娜，周先波，林建浩.上海自贸区的经济增长效应研究：基于面

板数据下的反事实分析方法［J］. 国际贸易问题，2015，394（10）：14-24.

［70］汪文姣，戴荔珠，赵晓斌 . 广东自贸区对粤港澳经济联系强度的影响效应评估：基于反事实分析法的研究［J］. 国际经贸探索，2019，35（11）：49-65.

［71］王爱俭，方云龙，于博 . 中国自由贸易试验区建设与区域经济增长：传导路径与动力机制比较［J］. 财贸经济，2020，41（8）：127-144.

［72］王道军 . 上海自贸区建立的基础与制度创新［J］. 开放导报，2013，170（5）：30-33.

［73］王贵斌，何伟 . 自贸区背景下跨境电商发展策略研究：以浙江自贸区为例［J］. 价格月刊，2018，489（2）：57-60.

［74］王国刚 . 链接自由贸易区 推进金融体制机制创新［J］. 上海金融，2013，400（11）：13-17.

［75］王利辉，刘志红 . 上海自贸区对地区经济的影响效应研究：基于"反事实"思维视角［J］. 国际贸易问题，2017，410（2）：3-15.

［76］王全兴，王凤岩 . 我国自贸区社会组织建设的制度创新初探［J］. 上海财经大学学报，2014，16（3）：4-11.

［77］王韦雯 . 沪苏自由贸易试验区联动机制对无锡金融服务发展的启示［J］. 合作经济与科技，2022，683（12）：74-76.

［78］王彦志 . RCEP 投资章节：亚洲特色与全球意蕴［J］. 当代法学，2021，35（2）：44-58.

［79］魏蓉蓉，李天德 . 自贸区设立与经济高质量发展：基于 FTA 建设的准自然实验证据［J］. 商业经济与管理，2020，343（5）：77-87.

［80］项后军，何康，于洋 . 自贸区设立、贸易发展与资本流动：基于上海自贸区的研究［J］. 金融研究，2016，436（10）：48-63.

［81］邢会，杨子嘉，张金慧 . 上海自贸区金融开放对高端装备制造业创新投入的影响研究：基于融资约束视角的准自然实验［J］. 工业技术经济，2022，41（6）：71-77.

［82］熊宇航，湛婧宁 . 自贸试验区的设立对制造业资源错配的改善效应研究［J］. 软科学，2022，36（9）：57-64.

［83］徐洁香，雷颖飞，邢孝兵 . 自由贸易试验区的创新质量效应研究［J］. 国际商务（对外经济贸易大学学报），2020，195（4）：17-31.

［84］阳建勋．论自贸区金融创新与金融监管的互动及其法治保障：以福建自贸区为例［J］．经济体制改革，2017，202（1）：50-56.

［85］仰炬，唐莹．中国（上海）自由贸易试验区金融创新研究［J］．国际商务研究，2014，35（3）：38-44.

［86］叶霖莉．中国自贸区的经济增长效应评估：基于沪津闽粤自贸区的实证研究［J］．国际商务研究，2020，41（3）：97-108.

［87］叶霖莉．自贸区建设对地区技术创新水平的影响效应研究［J］．技术经济与管理研究，2021，302（9）：24-28.

［88］叶霖莉．自贸区设立的产业结构升级效应：基于 PSM-DID 方法的实证分析［J］．国际商务研究，2023，44（1）：87-100.

［89］叶修群．自由贸易试验区与经济增长：基于准自然实验的实证研究［J］．经济评论，2018，212（4）：18-30.

［90］殷华，高维和．自由贸易试验区产生了"制度红利"效应吗?：来自上海自贸区的证据［J］．财经研究，2017，43（2）：48-59.

［91］应望江，范波文．自由贸易试验区促进了区域经济增长吗?：基于沪津闽粤四大自贸区的实证研究［J］．华东经济管理，2018，32（11）：5-13.

［92］于鹏，廖向临，杜国臣．RCEP 和 CPTPP 的比较研究与政策建议［J］．国际贸易，2021（8）：27-36.

［93］余淼杰，蒋海威．从 RCEP 到 CPTPP：差异、挑战及对策［J］．国际经济评论，2021（2）：129-144.

［94］张红霞，葛倩倩，卢超．自由贸易试验区、制度创新与地区经济高质量增长［J］．统计与决策，2022，38（1）：90-94.

［95］张军，闫东升，冯宗宪，等．自由贸易区的经济增长效应研究：基于双重差分空间自回归模型的动态分析［J］．经济经纬，2019，36（4）：71-77.

［96］张颖，逯宇铎．自贸区建设对区域经济增长及创新能力影响研究：以辽宁自贸区为例［J］．价格理论与实践，2019，417（3）：130-133.

［97］张幼文，薛安伟．要素流动对世界经济增长的影响机理［J］．世界经济研究，2013（2）：6.

［98］赵静．上海自贸区的经济溢出效应：基于系统动力学的方法［J］．

国际商务研究, 2016, 37 (2): 77-86.

[99] 赵亮. 我国自贸区发展及其对经济增长的驱动研究 [J]. 上海经济研究, 2016, 339 (12): 36-43.

[100] 赵亮. 我国自贸区驱动经济增长的实证模拟: 基于对经济增长"创新驱动"的思考 [J]. 上海财经大学学报, 2017, 19 (4): 28-40.

[101] 赵亮. 自贸试验区驱动区域产业结构升级的机理探讨 [J]. 经济体制改革, 2021, 228 (3): 122-127.

[102] 赵胜文, 张富国. 论全面深化改革背景下上海自贸区的创新发展 [J]. 经济问题, 2015, 429 (5): 28-31.

[103] 赵旸顿, 彭德雷. 全球数字经贸规则的最新发展与比较: 基于对《数字经济伙伴关系协定》的考察 [J]. 亚太经济, 2020, 37 (4): 58-69.

[104] 支宇鹏, 黄立群, 陈乔. 自由贸易试验区建设与地区产业结构转型升级: 基于中国 286 个城市面板数据的实证分析 [J]. 南方经济, 2021, 379 (4): 37-54.

[105] 周明升, 韩冬梅. 上海自贸区金融开放创新对上海的经济效应评价: 基于"反事实"方法的研究 [J]. 华东经济管理, 2018, 32 (8): 13-18.

[106] 周念利, 于美月. 中国应如何对接 DEPA: 基于 DEPA 与 RCEP 对比的视角 [J]. 理论学刊, 2022, 39 (2): 55-64.

[107] DE MOURA H T, ADLER I K. The ecology of innovation and the role of strategic design [J]. Strategic design research journal, 2011, 4 (3): 112-117.

[108] DOUSSARD M, SCHROCK G. Uneven decline: linking historical patterns and processes of industrial restructuring to future growth trajectories [J]. Cambridge journal of regions economy & society, 2015, 8 (2): 149-165.

[109] HOSSAIN M S. Foreign direct investment, economic freedom and economic growth: evidence from developing countries [J]. International journal of economics & finance, 2016, 8 (11): 200-214.

[110] KRUGMAN P R. Increasing returns, monopolistic competition, and international trade [J]. Journal of international economics, 1979, 9 (4): 469-479.

[111] PENEDER M. Industrial structure and aggregate growth [J]. Structural

change & economic dynamics, 2003, 14 (4): 427-448.

[112] SYRQUIN M, CHENERY H. Three decades of industrialization [J].
World Bank economic review, 1989, 3 (2): 145-181.